進化するラーメン店の技術と味づくり

ソラノイロ

宮﨑千尋のラーメン理論

はじめに

　2011年6月14日──『ソラノイロ』は東京・麹町で創業しました。
　それまで修業を積んだ『博多一風堂』の経営理念は「変わらない
ために変わり続けること」です。僕はその理念を受け継ぎ、さらに
般若心経の一節「色即是空 空即是色」から引用して「変化し続け、
成長し続ける」という思いを込めて『ソラノイロ』と店名をつけま
した。「まだ見ぬお客さまと業界の発展のために」をスローガンに
掲げてラーメンの創作、提供に没頭して10年。グループも4店舗
に広がりましたが、僕たちのメニューは、各店ですべて異なるもの
を提供しています。それはなぜか？　ラーメンとは各国のさまざま
な技法を駆使した料理であり、日本が誇る食文化の一つだと考えて
います。僕はそんなラーメンを手がけ続け、これまでの概念を覆し
たい。ラーメン職人として新たな可能性を模索したい。だから、店
舗を増やす時も、同じ味で勝負することなく、常に新たなラーメン
を提案し続けてきたのです。
　この一冊には、これまで築いてきた味のバリエーションだけでは
なく、まだ見ぬお客さまへの思い、全国の生産者との連帯、先人へ
のリスペクトなど、さまざまなものが詰まっています。その背景も
含め、ソラノイロの世界を感じていただけると幸いです。

2021年7月

株式会社 ソラノイロ

代表取締役　宮﨑千尋

未踏の一歩を進めるために
これからも変わり続けていく

2020年10月にフルリニューアルした
東京・麹町の本店「ソラノイロ ARTISAN NOODLES」前で。

宮﨑千尋・ソラノイロの歩み

1977	東京都世田谷区に生まれる。 高校時代からラーメンを食べ歩き、学生時代に新横浜ラーメン博物館でアルバイトを経験し、ラーメン業界に入る。
2000	青山学院大学経営学部経営学科卒業後、人材派遣会社に入社するもラーメンへの思いを捨てきれず、4か月で退社。力の源カンパニーに入社し、『博多一風堂』『五行』のマネージャー、業態開発に携わる。
2011	東京都・麹町に『ソラノイロ』を創業。淡麗醤油系の「中華ソバ」、女性をターゲットにした「ベジソバ」を看板商品に、ラーメンアワードの新人賞を獲得する。
2013	麹町に2号店『ソラノイロ salt&mushroom』をオープン。
2014	フランスで開催された国際イベント「パリ・ラーメンウィーク」に参加。ベジソバが評判を呼び、ヴィーガンラーメン開発のきっかけをつかむ。『ミシュランガイド2015東京』ビブグルマンに初掲載。以後3年連続で掲載される。
2015	宮﨑千尋の初プロデュース店となる『Stripe Noodles』（沖縄県北谷町）でステーキラーメン、トマトベジソバを開発する（現在終了）。東京駅八重洲地下街にオープンした東京ラーメンストリートに3号店『ソラノイロNIPPON』を出店。
2016	『ソラノイロ salt&mushroom』を新ブランド『素良』としてリニューアル。1杯1000円超えの価格帯、写真撮影禁止といった施策が話題に。4号店『ソラノイロトンコツ&キノコ』を京橋にオープン。
2017	ミスタードーナツで宮﨑千尋監修の「ベジ涼風麺」が発売。
2019	東京都・池袋に『ソラノイロ食堂』（現ソラノイロ池袋店）をオープン。麹町本店をフルリニューアルし、グランドメニューでは6種のラーメンを揃えた。
2020	麹町本店を『ソラノイロ ARTISAN NOODLES』としてリニューアル。コッペパン業態「かえでパン」を併設する。
2021	『空ノ色王子店』をオープン。ソラノイロとして初めて豚骨ラーメンをグランドメニューに加え、話題を呼ぶ。

目　次

デザイン	原口徹也（弾デザイン事務所）
撮影	海老原俊之
取材執筆	佐々木正孝
編集	池本恵子（柴田書店）
企画	吉田直人（柴田書店）

本書を使う前に

● 本書の内容は2021年6月末日現在のものです。

● 掲載されている商品の価格は税込みです。

● レシピの分量はそれぞれ、重量（g）や容積（ml）、
　対比率（2:1）、配合比（10%、30%）などで表記
　しています。

● 製麺用の小麦粉は商品名（メーカー名）を記載して
　います。

● 材料の分量や火力、加熱温度、時間は目安です。
　厨房の環境や季節、熱源や調理器具の種類、材料
　の状態に応じて適宜調整してください。

1章

ソラノイロの現在地

フラッグシップメニューと
主要パーツのつくり方

香味油の黄金ブレンドを追求し
職人の創意を最大限に発揮する

中華そば

| ソラノイロ ARTISAN NOODLES |

ラーメン業界では濃厚な「家系」や、つけ麺チェーンの成長が著しい。しかし、ラーメン専門店の主力メニューに限れば、醤油の清湯ラーメンが今なお不動のスタンダードである。そこでキーパーツになるのが仕上げに加える「香味油」だ。たれ、スープにも数多くの新しい味が登場したが、ラーメンの印象を一変させる香味油こそ、現代のラーメンシーンにおいて見逃せないイノベーションが起きている。

　ソラノイロ本店は2020年のリニューアルで、この香味油にフォーカスした「中華そば」を主軸に据えた。本メニューは背脂と野菜の香味油、鶏油を段階的に投入し、3つの"油"の香りを立たせる。地鶏の天草大王や豚ゲンコツ、魚介系が形成するダブルスープ、醤油だれの力を最大限に発揮するためである。修業時代から、たれ、スープはさまざまなアプローチで研究開発を進めてきた。10年目を機に意識するのは、ラーメンにおける「香味油の黄金比」。「中華そば」の表面に、最新の成果が浮かんでいる。

商品解説はP72 >

4店舗を展開するグループの中核。店名に「アルチザン（職人）」と掲げる通り、創意が発揮されるメニュー開発ラボでもある。

なるとをのせたクラシカルなビ
ジュアルだが、醤油だれとダブ
ルスープが織り成すうまみ、香
味油によるアロマの重ね方に最
新モードを意識。

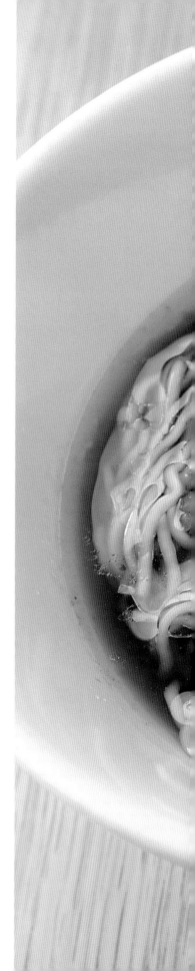

使い慣れたプレミアム地鶏で
完成させたスタンダードな鶏清湯

淡麗醤油ラーメン

│ ソラノイロNIPPON │

2010年代からラーメンシーンを席巻し続けているのは、「鶏と水」というキーワードで表された「鶏清湯」だ。ブランド地鶏を主要な素材としてとる、リッチで奥行きのあるスープに、老舗醤油蔵の生醤油を自店で火入れした醤油だれでアロマを立たせる。表面には黄金色の鶏油をのせ、艶やかなビジュアルに──首都圏を中心に、主力ラーメンにこうした鶏清湯を掲げる店が続出した。

　東京駅店で2019年から提供する「淡麗醤油ラーメン」は、そんな鶏と水ムーブメントへのソラノイロからの回答である。スープは本店で長く用いてきた地鶏・天草大王を使用し、豊かなうまみを引き出す。醤油だれとともに、木桶仕込みの生醤油をスープに直接加えて香らせる。官能的なのど越しの麺は、うどん用のプレミアム小麦粉「金斗雲」で打ったものだ。東京の表玄関というロケーションで提供し、業界のスタンダードといわれるラーメンを高度な技術と映えるビジュアルで表現。外国人観光客を含めた多様な客層に、グループの力をいかんなくアピールするラーメンだ。

商品解説はP78 〉

日本最大級のブランド地鶏・天草大王のうまみを前面に押し出した清湯スープ。フルボディの味わいで、醤油だれの香りをさらに際立たせる。

「金斗雲」のみで打った細麺は
ファーストタッチで確かな歯ご
たえを感じさせるが、時間経過
とともになめらかさを増し、の
ど越しやスープとの絡みもよい。

ベジポタ、ソース系を飛び越え
次世代の野菜ラーメンとして登場

ベジソバ

│ ソラノイロ NIPPON │

創業以来のフラッグシップメニュー。ラーメン業界では、2004年に『せたが屋 雲』(現在は閉店)が野菜だし主体のラーメンを提供したが、定着せずに撤退した経緯がある。その後、野菜だしを鶏スープに合わせ、ジャガイモなどの野菜を煮込むことで濃厚なとろみを出す「ベジポタ」が一大ブームになった。

スープ・麺・具材のすべてに野菜をふんだんに使用したソラノイロの「ベジソバ」は、「普段はラーメンを食べない方、そして女性に届ける」ことに主眼を置いて開発したもの。先行した野菜だし、ベジポタとは一線を画すコンセプトだ。本店の創業時にファンをつかんだのは、野菜をたっぷり摂取できてヘルシーでありながら、ラーメンの食べごたえをしっかり備えていたこと。こうしてベジソバはグループを象徴するメニューに成長し、現在は東京駅店で提供中。ここは東京駅近隣のラーメン集合施設というロケーションであり、主客層は国内外の観光客だ。本品はヴィーガン、グルテンフリーのラーメンと並ぶメニューラインで、ラーメンフリーク以外にも強くアピールしている。

商品解説はP81

味の根幹をつくるのは野菜だしのベジブロス。トマト、ニンジンなどを中心に、レンコンや小松菜などをふんだんに使用。野菜のうまみ成分を引き出す。

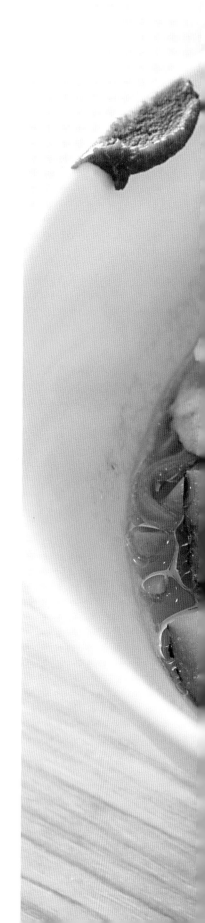

トマト、ニンジンなどカラフル
な野菜のほか、レンコンチップ
やサツマイモなどの根菜で食物
繊維もカバー。ヘルシーさを全
面に打ち出している。

九州の味を学びつつ、首都圏の舌に合わせたライトな豚骨ラーメン

淡口豚骨ラーメン

｜空ノ色王子店｜

豚骨ラーメンの大手として国内外に店舗を展開する『博多一風堂』に入社した宮﨑は、10年以上に渡って修業を重ねた。しかし、ソラノイロ創業時のフラッグシップメニューは「中華ソバ」「ベジソバ」の2本立て。得意とした豚骨スープをあえて封印し、自分が好きだった正統派の醤油味と、業界になかった新しい味を提案してきた。創業から10年になる2021年、グループ初となる豚骨スープに特化した王子店をオープン。原点に立ち返り、改めて豚骨に向かい合うことを決めた。

　スープのディテールを突き詰めたのは右腕の大庵康嗣店長。博多、長浜、久留米、佐賀などの九州ラーメンを研究し、粘度の低いオリジナル豚骨スープを完成させた。現在、首都圏の豚骨ラーメンは「ド豚骨」「くさうま」とも称される、濃度・豚骨臭を極限まで追求する動きが活発だ。本品は「淡口(うすくち)」と銘打っているだけあり、スープは豚白湯だがかなり清湯に寄せ、くさみ、必要以上の濃度をカットしてまとめ上げている。九州系豚骨を意識しつつ、関東人の味覚に合わせて再構築した味だ。

商品解説はP94 >

店名の原典である「色即是空 空即是色」をイメージし、漢字で王子店のサブネームを表現。修業した豚骨ラーメンに原点回帰するという思いを込めた。

豚骨スープならではの粘度、濃
度にこだわらず、ピュアなうま
みにフォーカスしている。幅広
い年代の人が食べられる、バラ
ンスのよい豚骨ラーメンだ。

17

町中華を思わせる内装から
ほっこりするラーメンを届ける

中華そば

│ ソラノイロ池袋店 │

町場の中華店のような真っ赤なテーブルで、品書きは素朴に手書きした短冊。古き良き町の大衆食堂をイメージした池袋店で提供するのが、ショウガ醤油＋豚清湯の「中華そば」だ。生姜醤油ラーメンはもともと新潟・長岡市のローカルラーメン。長岡の名店『青島食堂』の支店が秋葉原に出店したり、インスパイアされたラーメンを取り入れる店が増えたりするなど、首都圏でも注目が集まっているラーメンだ。

池袋店ではメインメニューとして、この生姜醤油ラーメンを提供している。ねらいは、マニュアル化・画一化が進む現在のラーメンシーンに一石を投じることにある。仕込みから盛りつけまで一つひとつていねいなオペレーションで手がけ、町食堂ならではのラーメンとして完成度を高める。たとえば、チャーシューは東京駅店と同じ吊るし焼き。事前にストックしておくのではなく、提供時に一枚ずつカットする。スープもうまみを過度に重ねるのではなく、ショウガと醤油、豚清湯をシンプルに合わせている。町食堂の雰囲気を再現した内装で「ホッとする」ラーメンを届けていく。

商品解説はP86 >

店舗造作は老舗町中華やかつて足繁く通ったラーメン店の内装などを参考に、そのオマージュを随所にちりばめた。懐かしさと温かみはメニューにも通じる。

「食堂で食べてほっこりするラーメン」をイメージ。甘みのある背脂と、刺激のあるショウガの辛みがコントラストを成すなど、食べ手に懐かしさを与える一杯。

本店・製麺室で打つ自家製麺に
グループのノウハウが集積する

つけそば

| ソラノイロ ARTISAN NOODLES |

ラーメン店や町中華でも、自家製麺を長く手がけてきた老舗は多い。ほとんどの店はコストダウンがねらいで、原価を下げ、ボリュームたっぷりのラーメンを提供したいという、店主の心意気が表れたものだ。ところが、2000年代以降は『支那そばや』店主の佐野実氏が先導し、職人志向の自家製麺が台頭する。店主間の技術交流が盛んになり、全粒粉を使ったり、数種の小麦粉をこだわってブレンドしたりする自家製麺の店は急増した。

ソラノイロは、2016年開店の『素良』から満を持して自家製麺を採用し、2020年には本店に製麺室を増設。そして、グランドメニューに加えたことのなかった「つけ麺」を登場させた。メニュー名「つけそば」は季節によって3〜5種の小麦粉をブレンドし、なめらかで歯切れのよい麺を徹底的に追求。自慢の製麺機を活用し、「麺を食べさせる」メニューとして完成度を高めている。そして、幹部スタッフにも任せる製麺は技術の練磨、麺への造詣を深めるワークとしても期待する。集積した製麺ノウハウの一端を示すメニューが、このつけそばなのである。

商品解説はP74 >

修行時代から自家製麺の研鑽を重ね、近年はスタッフもそのノウハウと技術を習得。本店に加えて池袋店でも自家製麺を手がけるようになった。

動物系と魚介系が融合したダブルスープは中華そばと共通だが、つけ汁は麺との相性ありきで濃度を調整。ツルリ、もちもちした食感の麺がマッチする。

動物系食材をカットしながら
ラーメンの満足感を担保する

ヴィーガン醤油

| ソラノイロNIPPON |

鶏、豚、魚介など動物系の食材を一切使用していない、ヴィーガン仕様のラーメン。日本で初めてヴィーガンラーメンをグランドメニュー化したのがソラノイロだ。開発に際しては、動物系の食材を使わず、いかにしてラーメンとして満足させるものを創り出すかに注力した。ラーメンのうまみとは、豚骨や鶏ガラ、煮干しといった動物・魚介系の素材がベースになる。動物系の素材を使わず、ラーメンならではのコク、濃厚さを実現しなければならない。さらに、レギュラーメニューとして提供するためには、スタッフの技量や経験に依存せず、汎用的なオペレーションを構築する必要がある。そこで、クリアなベジブロスにレンコンオイルなどで油脂を重ねてコクを補強。小麦不使用の醤油に塩で塩味を補強しつつバランスをととのえ、ヴィーガン仕様ながら、ラーメンのスープとして完成度を高めていった。この「ヴィーガン醤油」はラーメン集合施設にあり、内外からの観光客に好アクセスな東京駅店で提供している。この一杯を求めて訪れるベジタリアン、海外の観光客も多い。

商品解説はP82

ポップなカラーリングの内観にデザイン性の高いチェア。女性客や外国人客も入りやすい。カフェのような雰囲気の店内でヴィーガンラーメンを提供する。

スタイリッシュな丼の中にトマトの赤、水菜の緑、厚揚げの白、紅芯大根のピンク色が映える。野菜中心の編成を華やかな彩りのビジュアルに結実させた。

ソラノイロの現在地

10年間の創作で切り拓いた味づくり

レシピを磨いて深化させつつ新味をめざした進化も続けていく

　創業から商品のスクラップ・アンド・ビルドをくり返し、累計9店の直営店でラーメンを提供してきた。スープ・たれ・香味油・麺というラーメンの基本要素、そしてメイン具材のチャーシューに至るまで、店舗ごとにゼロベースで構築し、メニューラインを固めるのがグループの信条である。

　ラーメン業界はたれに始まり、重層化するだし、香りやうまみをもたらす油脂（香味油）の順で開発競争が続いている。ソラノイロは日々の営業を通して、各要素を「深化」させてきた。ここで解説するレシピはその現在形だ。また、京橋店（2016～2020年）で提供した「豚骨×スパイス」のように、新パーツを組み合わせて「進化」にも挑む。シーンと他業界のトレンドに広く目を配り、今後も新たな味を模索していく。

スープ	〉 分厚い商品ラインを支える磨き上げたスープの数々

ダブルスープ	鶏清湯	豚清湯	豚白湯
煮干しだし	貝だし	ベジブロス	

　ソラノイロの商品ラインを支えるのが、店舗ごとに開発し、磨き上げてきたスープの数々だ。それぞれ原料から製法、味の特徴が異なるスープを編み出し、それらを高いレベルで維持・発展させてきた。トライアルを重ねる中で、天草大王などプレミアム食材との出会いもあり、材料に合わせてスープの製法を改良→メニューの可能性が広がるという好循環も生まれている。とくに創業時から改編を続けるベジブロスは、その後のヴィーガンやグルテンフリーなど、業界ではまだ競合の少ないフィールドの開拓につながった。限定ラーメンや社内コンペなどを通じて、意欲的に新スープを開発すると同時に、従来のスープの製法を見直したり、新たな解釈を加えることで、さらにブラッシュアップしていく考えだ。

たれ

味ブレしない仕組みで
うまみの骨格をつくる

醤油だれ	塩だれ

ラーメンにおけるうまみの骨格をつくる「たれ」。ソラノイロの創業時は、醤油だれは搾りたての生醤油を、塩だれはムール貝エキスをベースに、精緻なうまみの足し算によってたれを仕上げていた。店舗を展開するにあたり、たれの材料と製法を刷新。たれの味わいをガッチリと安定させることで、スープの風味が多少ブレても、完成する味のブレは最小限に留めている。醤油だれは繊細な生醤油から乾物、醤油、チャーシュー煮汁といううまみを補完し合う組み合わせにし、塩だれは個体差によるバラつきがあるムール貝からアサリエキスへシフト。安定した味をキープすることに力を入れている。

香味油

香りを重ね合わせて
最上の一杯をデザインする

香味油	鶏油	豚背脂

現代のトレンドとして、香味油に注力するラーメン店は多い。サラダ油、ラード、鶏油、豚背脂などをベースに、ネギやニンニク、エシャロットなどの香味野菜や、煮干しやカツオ節を揚げて香りを移したものが基本となる。揚げた素材はチップにするほか、粉砕してスープに混ぜ込むこともある。複数の野菜でつくる香味油は香りの層を演出し、豚清湯や豚白湯に加える豚背脂はスープにコク・甘み・うまみをプラスする。鶏油には香りを立たせるだけでなく、スープ表面を黄金色に彩るビジュアル的な効果も果たす。これらを単体または複数を重ね合わせて使うことで、香り高いラーメンが完成する。

チャーシュー

部位ごとに異なる調理法で
ブランド豚の魅力を引き出す

吊るし焼き焼豚	煮豚	低温調理

ブランド豚「瀬戸のもち豚」を一頭買いで仕入れるソラノイロでは、チャーシューは豚肉のポテンシャルを最大限に引き出すことを主眼におく。そのため各部位ごとに「(窯焼き器で)吊るし焼き」「煮豚」「低温調理」といった、それぞれ適した調理法で仕上げている。煮汁の味つけもシンプルで、醤油、みりん、昆布などの基本調味料のみ。ブランド豚の肉質のよさを前面に打ち出しながら、スープにもなじみやすい味にまとめている。それぞれ単体のサイドメニューとしても人気だ。

麺

自家製麺を学んだからこそ
製麺所とセッションできる

自家製麺	製麺所仕入れ・発注

ソラノイロでは、自家製麺でつくる麺と、製麺所へのカスタム発注・仕入れを併用している。製麺所に発注する際も自家製麺で身に付けた知識と技術——粉の選定やブレンド、かん水、加水率、切刃番手と、その経験値が生きてくる。自家製麺のメリットは、なにより自由度が高く、ねらい通りの味や食感、風味の麺が表現できること。さらに食味の向上も期待できる。こだわりの自家製麺と安定した製麺所、それぞれの長所を取り入れながら、ベストな仕上がりをめざしていく。

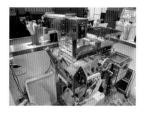

ダブルスープ

動物系のコクと魚の香りをハイレベルに融合させた

豚・鶏と魚介を提供当日にブレンド
素材のうまみの最大値を合わせる

　豚・鶏の動物系スープと、乾物から抽出した魚介スープを合わせ、コクと香りで重層的な味わいに仕上げるダブルスープ。ソラノイロでは、いたずらに強い味ではなく、素材のうまみの最大値を合わせることで、香り高く、伸びのよいスープに仕上げている。動物系は豚ゲンコツをベースに、日本最大級の地鶏として知られる熊本県産「天草大王」を主軸に据える。最初に豚ゲンコツのアクを取り除き、鶏を加えてからは中強火でしっかり煮出して、雑味のないうまみを抽出。これを一晩ねかせて味を落ち着かせてから使用する。魚介スープは提供する当日に炊いたものだ。

　動物系スープと魚介系スープは2：1でブレンドし、前日のスープに加えて追い煮干しでさらにうまみを補強する。ここに豚の背脂と野菜と魚介の香りを移した香味油を合わせ、油膜で蓋をしてスープの蒸発と香りが飛ぶのを防ぐ。提供時は、たれとともに仕上げの鶏油を加えて、香りを重層的に立たせている。

豚・鶏スープ

天草大王のさまざまな部位を集めた「ミックス」と、豚ゲンコツと豚足を使う。鮮度のよい材料を選ぶことで、くさみ抜きやマスキングのための野菜などは不要に。

材料（仕上がり 約40〜45リットル）

豚ゲンコツ（粉砕）	10kg
豚足	4kg
天草大王ミックス*	
胴ガラ	
モミジ	
膝ガラ	
丸鶏半身など	
	計20kg
鶏脂	1kg
豚背脂	2kg
水	60リットル

＊地鶏のさまざまな部位を合わせたもの

魚介スープ

魚介系乾物は信頼する専門問屋から仕入れる。煮干しは季節に応じて境港（鳥取）や長崎、九十九里（千葉）の産地を使い分ける。カツオ節はコクの出やすい厚削り。

材料

煮干し	1.2kg
カツオ節厚削り	300g
水	24リットル

ダブルスープづくりの流れ

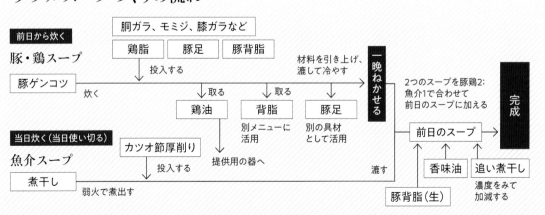

豚・鶏スープをとる（前日）

1 POINT

粉砕した豚ゲンコツを寸胴に入れ、ゲンコツがすべて浸かる程度の水を注いで中強火にかける。

2

このまま約2時間、豚ゲンコツのみを炊く。このとき最初の水量を保とよう、水位が下がったら随時注水する。

3 POINT

表面に浮いてきたアクを網でていねいに取り除く。このアクはある程度まとまってから取ることが肝心。中途半端に取ると出続ける。

4

火をつけてから2時間後、ミックスのうち、まずは胴ガラを寸胴に加える。

9

鶏油の後に背脂が浮いてくるので、同様に取り出す。その後、3時間ほど加熱する。

10

3時間（すべての材料を入れてから4時間）経った状態の豚・鶏だし。各素材から充分なうまみが抽出されている。

11 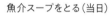POINT

材料を引き上げ、豚足は別にとり分ける。スープは網で漉してからチラーで冷やし、冷蔵庫で一晩おく。

魚介スープをとる（当日）

12

翌日、別の寸胴に水（24リットル）を張り、だし袋に入れた煮干しを入れる。決してぐらぐら煮立たせないよう、中弱火をキープする。

28

5 POINT ▶

続いてモミジ、膝ガラなどのミックスの残りと豚足、豚背脂を投入する。

6

豚・鶏だしの材料をすべて加えたら、温度が下がらないよう、60℃程度の湯を寸胴のふちまで注ぐ。

7

はじめに大きなアクを除いたあとは、アクはほとんど取らない。途中、茶色くにごった泡のみ適宜取り除く。

8

材料をすべて追加してから1時間後を目安に、表面に浮いてきた鶏油をすくって取る。この鶏油は漉して香味油として使用する。

合わせて仕上げる

13

煮干しを加えて20分後、だし袋に入れたカツオ節を加える。カツオ節を入れて40分経ったら火を止める。2つのだし袋を取り出して漉す。

14 POINT ▶

11の豚・鶏スープと魚介スープを2:1で合わせ、これを前日の残りのスープに加える。濃度などを確認して、追い煮干しと香味油、生の豚背脂を加えて仕上げる。

POINT

1 精肉店から仕入れる豚ゲンコツ（脚の丸骨、膝関節など）は縦割り・横割り・粉砕（斜めカット）といった種類があるが、ソラノイロはうまみの出やすさから粉砕を採用。骨を砕く手間などを軽減している。

3 うまみ成分を残すため、アク取りは必要以上に行なわない。「豚のみで炊き、最初に出てくる茶色くにごった泡がアク。その後に浮いてくる白っぽい泡はうまみ」という考えだ。

5 豚足はつけそば（74ページ）などのトッピングにも使用する。豚足の良好なゼラチン質のみをスープに抽出させるため、寸胴内で加熱する時間は5時間以下にとどめる。長く煮すぎないよう注意する。

12 魚介系は強火で煮立たせると風味を損ねるため、水面がポコポコする程度の火加減をキープ。ていねいにうまみを抽出する。

14 前日に残ったスープの量や濃度に合わせて、追い煮干し（煮干しをスープに追加すること）の量を加減する。追い煮干しが多いと塩味も強くなるので、たれの塩味を調節する。

鶏清湯・鶏油

地鶏のうまみと香りを生かす
フルボディのスープ

1

だし袋に昆布を入れ、水を張った寸胴で前日から水出しする。冬季以外は、腐敗を防ぐためにビニール袋に入れた氷2袋を入れて冷やしておく。

きめ細やかな火加減の調節で 地鶏から安定した味を引き出す

　前ページのダブルスープでも使用した「天草大王」100%でとる鶏清湯。天草大王の最大の特徴は、香り高く、上品な味に仕上がること。うまみが強く、アクは少なく、澄んだスープがとれるなどラーメン向きな美点も多い。

　通常、鶏のみで抽出するだしはうまみの方向性が画一的になるところを、さまざまな部位に昆布のうまみを掛け合わせて、スープ自体の味の幅を広げている。ポイントは、鶏のもち味を最大限に引き出すための火加減。アクを取るまでは強火で、鶏油の材料を加えてからは沸騰手前の95℃をキープして、ピュアな香りの「鶏油」とととともに、うまみをじっくりと抽出する。

6

混ぜると表面にアクが浮いてくる。鶏油は捨てないよう、アクのみを網ですくって慎重に取り除く。

材料

真昆布（北海道産）——— 100g
天草大王ミックス*
　胴ガラ
　モミジ
　膝ガラ
　丸鶏半身
　鶏皮、鶏脂
　手羽など
　　　　　　　　　　計20kg
水 ————— 45リットル
＊地鶏のさまざまな部位を合わせたもの

2

天草大王ミックスのうち、胴ガラから加えていく。まだ火にかけない。

3 POINT

続いてモミジ、丸鶏半身などを入れる。鶏皮と鶏脂、手羽は後から加えるのでここでは入れない。

4

ここで点火。はじめから強火にかける。

5

約1時間後、沸騰する直前にアクを出すため下から上に木べらで大きく混ぜる。

7

火力を強火から中強火に落とす。ガスの場合は目視で火力を確認する。

8

中強火をキープし、素材のうまみを引き出すように炊く。アクが寸胴全体に回らないよう適宜取り除く。

9

30分後、鶏皮と鶏脂、手羽を入れる。

10

さらに火を強めて、沸騰手前の95℃前後をキープして炊く。

POINT

3 天草大王ミックスは下処理済みのため、内臓などは取らずにそのまま寸胴に投入する。ブロイラーなどの場合は血抜きなどの工程も必要だが、アクもうまみの一部なので、必要以上の下処理は不要とする考えだ。

11

鶏皮と鶏脂、手羽を入れて
3時間半経った状態。

12

昆布を袋ごと引き上げる。

13

昆布を引き上げてから、表
面に浮いている鶏油をすべ
てすくって取る。

14

鶏油をすべて取りきった状
態。これを漉して仕上げる。

15

火を止めて、スープを網で
漉し、冷やして完成。

鶏油の活用

　13で取り出した鶏油は目の細かい網で漉して不
純物を取り除き、冷水などに当てて急冷する。ソラ
ノイロで使う鶏油はすべて天草大王から抽出したも
ので、香りのよさ、雑味のない味は他を圧倒する。
冷蔵保存で2〜3日、真空にして5日以内に使いきる。

鶏皮、手羽などコラーゲン
豊富な部位から抽出される
鶏油。鶏清湯ラーメンなら
ではの香り、風味を際立た
せる重要なパーツだ。

鶏スープの仕込みは温度管理が生命線。火加
減をこまめに調整しつつ、温度計を活用しな
がら最上のコンディションを目指す。

豚清湯・背脂

背脂のコクも加えて
深いうまみ、余韻を形作る

1

豚ゲンコツの下処理をする。鍋に湯（分量外）を沸かし、豚ゲンコツを入れる。

豚骨のうまみのみをシンプルに抽出
力強いスープはアレンジも自在

　豚清湯は、京都や九州の一部ではポピュラーなスープだ。豚ゲンコツを主材料にするのは豚白湯と同じだが、下ゆでなどの処理を徹底し、白濁させないようにじっくり炊き上げて、うまみのみをていねいに抽出。豚骨ならではのワイルドなくさみを出さず、スッキリとした味に仕上げている。

　下味が強く、シンプルなだけに、アレンジしやすいのも豚清湯の特徴。池袋店の「中華そば」はショウガを加えたりと、とくに他素材と合わせたときに汎用性の高さを発揮する。ブランド豚「和豚もち豚」からとる背脂は甘みがあり、スープに豊かなコクを与える。

6　POINT

強火で煮立たせ、沸騰したら背脂、豚バラ肉（チャーシュー用にロール状に巻いたもの）を入れる。

材料

豚ゲンコツ（粉砕）	10kg
豚背脂（和豚もち豚）	5kg
豚バラ肉（チャーシュー用）	2ロール
水	45リットル

2

沸騰後、15分ほどそのま
ま加熱してアクや汚れを浮
かせる。

3

15分間ほどゆでた後、豚
ゲンコツを引き上げる。

4

下ゆでした豚ゲンコツを
ざっと水洗いし、臭みのも
とになる血や汚れなどを取
り除く。

5

寸胴に分量の水(45リット
ル)を張り、掃除した豚ゲ
ンコツを入れて火にかけ
る。

7 `POINT`

沸きすぎないよう火加減を
調整しながら、95℃をキー
プして炊く。

8

温度が上がると豚バラ肉の
アクが浮いてくるため、ア
クを取り除く。

9

2時間半後、チャーシュー
用の豚バラ肉を引き上げ
る。

10

投入してから3時間後、背
脂を網ですくって取り出
す。

35

11 `POINT`

背脂を目の粗い網に押しつけて粗くくずし、ボウルに移す。

12

すくいきれなかった背脂は網ですくい取り、小鍋などにとりおく。

13

澄んだ仕上がりにするため、キッチンペーパーで漉して仕上げる。冷水で急冷して完成。

豚背脂の活用

　豚清湯に背脂をふりかけるスタイルは、1980年代に隆盛を極めたいわゆる「背脂チャッチャ系」のオマージュだ。ソラノイロ池袋店では店で炊いた新鮮な背脂を提供。肉質に定評のあるブランド豚「和豚もち豚」の背脂を使えば、さらにコクが増す。

豚清湯だけでなく、煮干しスープ、醤油ラーメンとも合わせやすい豚背脂。近年、汎用性の高さから再評価されている。

`POINT`

6 和豚もち豚の背脂は甘みがあり、いやな臭みがないが、コストがかかるため、一般的な豚の背脂原価を調整するため一般豚とブレンドして仕上げてもいい。

7 豚清湯はポコポコと小さな泡が上がる程度で沸騰させず、95〜97℃で炊いていくのがセオリー。煮立たせすぎるとスープが白濁し、白湯スープになってしまう。

11 3時間炊いた背脂。網で簡単にくずせるほどやわらかくなっている。短時間で背脂を炊く場合は包丁で手切りしたり、ミキサーで細かくきざむ方法もある。

豚の香りを最大限に抽出した清湯スープ。クリアな仕上がりだが、背脂を加えることで甘み、コクが補強される。

豚白湯

九州系の豚骨スープをライトに再構築

1

鍋に湯（分量外）を沸かし、豚ゲンコツを入れて下ゆでする。

くさみをカットしたまろやかな味 関東人の舌に合わせた豚骨スープ

　豚白湯は豚骨を強火で炊き上げ、白濁させた濃厚なスープに仕上げるもの。九州系豚骨ラーメンのように豚骨ならではのうまみ、くさみを両輪で実現するアプローチもあるが、ソラノイロがめざすのは濃厚さよりもフレッシュさを前面に出したライトなスープ。豚ゲンコツや豚足などの材料は炊いてから6時間後に引き上げ、必要以上のくさみ、雑味をカット。素材を厳選することで、誰もが食べやすいまろやかな味わいに。前日に仕込んだコク深いスープに朝炊きスープの新鮮な香りを加え、その日に提供するスープを完成させる。

6

約3時間後に豚背脂のみを引き上げる。

材料

豚ゲンコツ（縦割り）	8kg
豚背ガラ	8kg
豚足	4kg
豚背脂	3kg
水	20リットル

2

沸騰したらゲンコツを引き
上げる。軽く水洗いし、血
や汚れ、筋などを取り除く。

3

寸胴に豚背ガラ、豚足を入
れて水を注ぐ。下ゆでした
豚ゲンコツを加えて火にか
ける。

4　POINT

沸騰するまで強火で加熱
し、沸騰したら適宜アクを
取る。

5

ひと通りアクを取ったら、
豚背脂を加え、強火で炊い
ていく。

7

火をつけてから6時間半後、
豚ゲンコツ、背ガラ、豚足
を引き上げる。網で漉して
冷蔵庫に一晩おく。

8　POINT

一晩おいたスープに当日の
朝炊きスープを適宜加え、
提供用のスープが完成。

POINT

2　下ゆでするのはアクが出やすい豚ゲンコ
ツのみ。必要以上のくさみ、雑味を抑え、
豚骨のうまみを抽出していく。

4　最初に出てくるアクのみをしっかり取
り、後は基本的に放置する。「アクもスー
プに行き渡らせ、うまみに昇華させる」
のがねらいだ。ただし、茶色のアクは豚
の脂が酸化したもので、嫌なくさみにな
りやすいので注意する。

8　前日炊いたスープに、朝に炊いている寸
胴からスープを加え、提供用に仕上げる。
前日9：当日1の割合。一晩おいたスープ
はやや香りが飛ぶため、フレッシュな
スープを加えて香りを補填する。

煮干しだし

苦味、えぐみは出さずに香り高く仕上げる

1

寸胴に水（15リットル）を張り、それぞれ別のだし袋に入れた煮干し、昆布を入れる。煮干しのワタは取らない。

80℃をキーにして温度管理を徹底
吟味した素材の味を引き出す

　煮干しはダブルスープにも使うが、煮干しのうまみを前面に押し出したシングルスープとしても成立する。最終的にどんな味わいをめざすかで、原料から煮出す加減、合わせる副素材まで多様な選択肢があるのが煮干しだしのユニークなところだ。

　ソラノイロでは、煮干しの苦み、えぐみを極力排除して、香りとうまみのみにフォーカスする。煮干しは信頼する乾物問屋から仕入れ、季節に応じて産地を厳選。産地やサイズ、箱によっても、腹の焼け具合などが変わるため、工程の微調整が必要になる。炊くときは温度管理に細心の注意を払い、80℃前後をキープして香りとうまみをていねいに抽出する。

6 POINT ▶

香りが飛ばないよう、寸胴ごと冷水で冷やして完成。

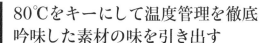

材料

材料	
煮干し	600g
昆布	130g
水	15リットル

2 POINT

寸胴を中火にかけ、昆布の
うまみが出やすいよう、
ゆっくりと加熱していく。

3 POINT

温度を上げていき、火加減
を調整しながら80℃でキー
プする。

4

80℃に達したら昆布を取
り出す。

5

湯温80℃をキープしつつ、
さらに50分間炊く。煮干
しの袋を引き上げる。

POINT

2 魚介のスープは混ぜるとにごりが発生した
り、くさみが出たりすることもある。温度を
チェックしながら静かに加熱する。

3 スープは沸騰手前の80℃に保ってゆっくり
加熱することで、えぐみが出たり、にごりが
発生するのを防ぐ。

6 だしガラが残っているとスープの味に影響し
てしまう。だし袋を使わない場合は網で漉し、
さらにキッチンペーパーを通すなどして、て
いねいにガラを取り去る。

レギュラーメニューとして
提供する煮干しだし

煮干しだしは醤油だれ、塩だれと合わせる
ことで口あたりが一変する。旧名古屋店では
メニューのバリエーションを広げるために採
用。醤油を「金の煮干し麺」、塩を「銀の煮
干し麺」として提供した。

「銀の煮干し麺」。名古屋店の定番メ
ニューとして人気を博した。

貝だし

ハマグリのうまみを徹底抽出
和だしながら強い味を生む

段階的に熱を加え、うまみを融合 素材それぞれの持ち味を引き出す

水出しした煮干しと昆布に、3種類の節系を加え、さらに10kgものハマグリを加えるという三段構えの製法。素材それぞれの持ち味を引き出すための最適な温度を見極め、じわじわと温度を上げつつ、それぞれの適温で素材を投入していく。昆布のグルタミン酸、カツオ節のイノシン酸由来のうまみに、コハク酸をたっぷり含むハマグリを加え、うまみ成分の相乗効果をねらう。この貝だしは、2016年にオープンした実験店「素良」で完成させたもの。その後も限定メニューに採用し、ブラッシュアップを続けている。

材料

煮干し	600g
真昆布	400g
宗田節薄削り	200g
サバ節薄削り	200g
カツオ節薄削り（花鰹）	200g
ハマグリ	20kg
水	25リットル

貝だしづくりの流れ

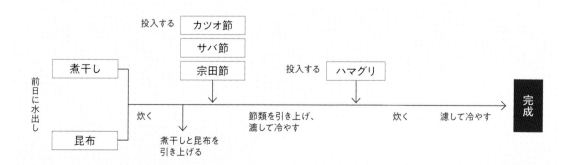

前日に水出し

煮干し ／ 昆布 → 炊く → 煮干しと昆布を引き上げる

投入する　カツオ節／サバ節／宗田節

節類を引き上げ、漉して冷やす

投入する　ハマグリ → 炊く → 漉して冷やす → 完成

1 POINT

煮干しと昆布をそれぞれだし袋に入れ、水とともに寸胴に合わせ、前日から6〜7時間かけて水出しする。

2

翌日1を60℃になるまで弱火にかける。弱火を保ち、60℃で30分間、その後80℃まで上げてから、煮干しと昆布を引き上げる。

3

続いて宗田節を入れ、80℃で5分間炊く。

4

次にサバ節を入れ、80℃のまま3分間炊く。

5

80℃をキープしながら花鰹を入れ、寸胴内でなじませる。

6

宗田節、サバ節、花鰹を引き上げる。

7

キッチンペーパーを敷き、静かに漉す。

8 POINT

チラーなどを活用し、10℃以下の冷水に浸して急速に冷やす。

9 POINT

8が完全に冷えたら10リットル分を寸胴に取り分け、ハマグリ20kgを加える。

10 POINT

寸胴を火にかけ、90℃になるまで強火で加熱する。90℃になったら火力を調整して温度をキープし、10分間炊く。

11

加熱する間に、出てきたアクは適宜取り除く。

12

90℃を10分間キープしたら、火からおろしてキッチンペーパーで漉す。

13

完成したスープは冷水で冷やして粗熱をとり、冷蔵庫に保存する。

14

トッピングなどでハマグリの身を使う場合は、冷水に浸けておき、身が縮むのを防ぐ。

POINT

1 夏に水出しするときは氷を詰めたビニール袋を寸胴内に入れて腐敗を防ぐ。

8 魚介のだしは高温のままだと香りがとんでしまうため、冷水に浸けるなどして急速冷蔵する。

9 ハマグリを入れる前に冷蔵庫で一晩ねかせ、味をなじませてから使ってもいい。

10 貝だしは長く加熱すると、一度抽出したうまみがハマグリに戻ってしまうため、タイマーなどで測って加熱時間を厳守する。

ハマグリを基盤に節系、煮干しのうまみ
を合わせたスープ。素材ごとに抽出時間
を調整し、味にまるみをもたせている。

ベジブロス

野菜本来のうまみ、甘みが舌の上で躍動する

1

レンコンは皮つきのまま3〜5cm程度の大きめのざく切りする。

ニンジン、トマトに根菜も投入
野菜のエキスがスープに溶け込む

　ソラノイロのフラッグシップメニューの一つであるベジソバとヴィーガンメニューのベースになるのが、野菜のみでとるベジブロス。野菜を合わせて炊き出していくシンプルな製法だけに、野菜の選定によって甘み、うまみのバランスをチューニングしていく。ソラノイロではニンジンの甘み、トマトから出すうまみ成分を主軸に、葉物や根菜、果菜をバランスよく配分して深みのある味わいに。香味野菜は強すぎるため、頼らないことも重要。うまみと濃さをしっかり担保しており、たれや野菜ピュレと合わせることで、食べ終わりまで満足感があるラーメンに結実する。

6

煮くずれすると味がにごるため、触らずに静かに炊く。アクも取らない。

材料

ニンジン	6本
レンコン	500g
小松菜	3束
イタリアン・トマト	1.2kg
キャベツ	2玉
水	45リットル

2

ニンジンも同様に3cm程度でカットする。

3

煮くずれてにごりが出ないよう、トマトはだし袋に入れる。水とともに寸胴に入れて火にかける。

4 POINT ▶

葉物は茎からもだしが出るため、小松菜は切らずに束のまま投入する。

5 POINT ▶

キャベツはうまみが出やすいよう、芯に十文字の切り込みを入れてから投入。寸胴を中火にかけ、90分程度かけてゆっくりと加熱する。

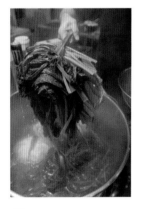

7

加熱をはじめてから90分後、野菜を引き上げる。

8

ザルで漉し、野菜ガラを完全に取り除く。

9

粗熱をとってから冷蔵庫で保存する。

POINT ▶

4 いろいろな種類の野菜を組み合わせることで滋味深い仕上がりのベジブロスになる。レンコンなどの根菜は可食部に限らず皮や根からもだしが出るので、丸ごと使うのがソラノイロ流。

5 強火で煮出すと野菜が煮くずれ、スープがごってえぐみにつながることも。沸き立たない程度の火力でじっくり加熱して仕上げる。

醤油だれ

醤油・乾物・チャーシューの
うまみを融合して完成する

1 POINT

寸胴に分量の水を張り、だし袋に入
れた干しエビ、干しシイタケの軸を
加えて火にかける。60℃をキープし
て1時間加熱する。1時間後にエビと
シイタケを引き上げて、宗田節とサ
バ節を入れ、85℃で30分間煮出す。

凝縮したうまみと醤油の香りに ミネラル豊富な粗糖をプラス

　節類に干しエビ、干しシイタケなど、凝縮したうまみをも
つ素材を贅沢に掛け合わせた醤油だれ。ここに「今のラーメ
ンに合う」基準で厳選した醤油とチャーシューの煮汁を加え、
コクのある深い味わいに仕上げている。材料の選定・配合と
ともに重要なのが、抽出温度と煮出す時間で、素材の香りや
うまみの出方が大きく変わるため温度と時間管理は徹底す
る。最新バージョンのレシピでは喜界島産のサトウキビ粗糖
を採用。ミネラル分を豊富に含むが、クセはないので醤油の
風味を邪魔せず、完成したたれに奥行きを与えてくれる。

5 POINT

醤油を加え、その後にチャーシュー
の煮汁を加える。

材料

宗田節 厚削り	200g
サバ節 厚削り	200g
干しエビ（ローストする）	200g
干しシイタケの軸	200g
天外天塩やフルールドセル	2kg
サトウキビ粗糖（喜界島産）	800g
醤油	10kg
チャーシューの煮汁（56ページ）	10kg
みりん	1kg
料理酒	2kg
酢（千鳥酢）	100ml
水	13リットル

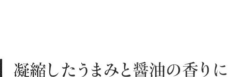

うまみの濃い塩だし	醤油*	チャーシューの煮汁**
1	1	1

＊これまでに、ヤマト醤油味噌（金沢）の「ひしほ」
や、丸正醸造（松本市）の「原料だけで造った醤油」、
近藤醸造（東京あきる野市）の「キッコーゴ丸大豆
醤油」などを使用。常にアンテナを巡らせ「今の
ラーメンに合う醤油」を全国各地から探し、使うよ
うにしている。

＊＊チャーシューの煮汁は、肉を2〜3回漬けたも
のを使う。チャーシューを漬ける回数が増えると、
塩分が肉にもっていかれるため、塩を追加するか、
提供時のたれの量で塩味を調整する。

2

宗田節とサバ節を引き上げ、残った
だしを10kgに調整する。

3

ここに塩を加える。よく撹拌して溶
かす。

4

次に喜界島サトウキビ粗糖を加え
る。砂糖が底に沈殿すると焦げやす
くなるので、溶けるまで撹拌し、全
体になじませる。

6

みりんと料理酒を別の鍋に入れて沸
騰させ、アルコールを飛ばしてから
寸胴に加える。

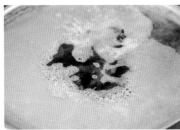

7

全体をなじませ、沸騰するまで加熱
する。

8

沸騰してひと煮立ちしたら火を止め
る。粗熱がとれたら酢を加えて完成。
冷蔵庫で保存して味を落ちつかせ
る。

POINT

1 昆布やシイタケを煮出す時間は「60℃で1時間」
がセオリー。これより短いとだしのボディが弱く、
長くなると雑味、えぐみが出てしまう。また、節
類は厚削りか薄削りかによって加熱時間が変わる
ので注意する。

5 醤油とチャーシューの煮汁は同量を入れて、醤油
味が勝ちすぎないようバランスをとる。

塩だれ

アサリエキスのコクを主軸に構成する

1 POINT

寸胴に分量の水を張り、昆布を加えて火にかける。60℃をキープして1時間加熱する。

アサリのうまみを活かしつつ 味ぶれを防いで完成度を高める

創業当初の塩だれはムール貝エキスをベースに、ホタテ、サバ節などを加え、うまみの足し算で構成していたが、味のぶれが課題だったという。そこで、塩ラーメン専門店『龍旗信』(大阪府堺市)の松原龍司店主に教えを請い、塩だれをバージョンアップ。アサリエキスを軸にすることで味が安定し、コストでもメリットが出てきた。味の奥行きを左右する"塩"は常に模索しているが、現在ははうまみが強く、コストパフォーマンスのよい天外天塩やフルール・ド・セルを起用。白醤油、うま味調味料を効果的に使って塩の角をとり、まろやかなたれに仕上げている。この塩だれは塩ラーメンだけでなく、多くの冷やし麺やフルーツの創作麺、ベジソバやポタージュ系のたれとしてもフル活用する。

5

ここに塩を加える。よく撹拌して溶かし、全体になじませていく。

材料

昆布	200g
サバ節	200g
天外天塩やフルールドセル	5kg
アサリエキス	3リットル
みりん	720ml
白醤油	360ml
酢	100ml
うま味調味料	300g
水	25リットル

9

粗熱をとり、保存容器に移す。冷蔵庫で保存して使用する。

2

1時間後、昆布を引き上げる。強火にしてさらに加熱する。

3

沸騰寸前の85〜90℃になったところで、だし袋に入れたサバ節を入れる。

4

沸騰させない程度の中強火で約40分間加熱した後、サバ節を引き上げる。

6

続いてアサリエキス6本（各500ml）のエキスを手早く投入し、撹拌する。

7

みりんを加えてなじませる。

8　　　　　　　　　　▶ POINT

白醤油を加えて20リットルになるよう調整する。続いて、酢、うま味調味料の順に加える。

POINT

1　昆布を水に浸ける時間、煮出すときの火加減は重要。温度が高いとえぐみが出てしまうので、60℃をキープする。IHの低音調理器などを活用すると温度管理が楽だ。

8　うま味調味料の役割はたれの塩角をとり、味をまろやかにするもの。提供前の丼に加える手法もあるが、味のぶれにつながるので、塩だれにあらかじめ加えてなじませておく。

香味油

香味野菜の香りを乗せて スープに風味をつける

1
長ネギ、ニンニク、玉ネギ、エシャロットを包丁でみじん切りにする。長ネギは白い部分のみを使う。

鶏油、背脂との合わせ技も有効 揚げたチップはトッピングになる

　近年、ラーメンのキーパーツとして注目度が高まっている香味油。ソラノイロでも数種類の香味油を使い分けているが、これは香味野菜とラードでつくる基本形。ポイントはすべての野菜を同じサイズに切りそろえ、中温の脂でムラなく均等に火を入れること。野菜は色よく、カリカリに仕上げることでトッピングにも活用できる。香味油は単独で使うほか、鶏油や豚背脂などと重ね使いすることも多い。華やかな香りを食べ手の鼻腔に届けることで、ラーメンの印象が格段に向上する。

6
この程度に色づいて、カリカリになったら引き上げる。

材料

長ネギ	400g
ニンニク	300g
玉ネギ	400g
エシャロット	400g
ラード	18リットル

2
POINT

すべての香味野菜を同じ大きさにきざみ、合わせておく。

3

ラードをフライパンに入れ、強火で熱する。油の温度が160℃になったらみじん切りにした野菜を同時に投入する。

4
POINT

強火のまま、適宜混ぜながら油に香りを移していく。

5

均等に火が入るよう絶えず混ぜながら、香味野菜が色づくまで10分間ほど加熱する。

7
POINT

でき上がった香味油は、網で漉して容器に移す。粗熱をとり、冷蔵庫で保存する。

8

引き上げた野菜はチップとして香味油に合わせたり、トッピングなどに使用する。

POINT

2 包丁の手切りがベストだが、フードプロセッサーも可。野菜の大きさがバラバラだと、色ムラが出やすく、火の通り方も不均一になる。

4 一度に投入するのは、サイズと同様、チップの色と火の通り方を均等にするため。

7 フライパンから容器に移す際、かなり油がはねる。できるだけ身体から離すなど、注意して作業する。

チャーシューの
バリエーション

部位ごとに最適な調理法を選択

　ラーメンによっては鶏チャーシューも起用しているが、チャーシュー素材のメインは豚。ソラノイロでは、きめの細かい肉質と、アクの少ないきれいなうまみをもつブランド豚「瀬戸のもち豚」を一頭買い。さまざまな部位が使えることを逆手に取り、各部位ごとに最適な調理法で仕上げている。モモ肉は赤身のうまみを表現するために吊るし焼きの焼豚に、バラ肉は脂の甘みが楽しめるようロール状に巻いて煮豚にし、ロース肉は低温調理でその繊細な味わいを引き出すといった具合だ。

　麹町本店では、その日に提供する3〜4種類のチャーシューを札で掲示。チャーシュー単体でもしっかりと存在感を出しつつ、スープの味にもなじむように仕上げている。

焼豚

肉のポテンシャルを引き出すよう、伝統的な窯焼き器を使用。スモーキーな香りをのせて、チャーシューだれで仕上げる。

煮豚

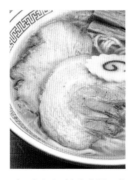

バラ肉とウデ肉を使用。煮ることで醤油の香ばしさをのせ、トロリとした脂の食感も強調。ジューシーなうまみを表現する。

低温調理チャーシュー

モモ、ロース、肩ロースを使用。調味液とともに真空にかけ、湯せんで芯まで火を入れるため、しっとりやわらかい食感に。

焼豚

薫香も乗ったしっとり肉の
吊るし焼きチャーシュー

1
豚モモ肉はタコ糸で巻いて
整形し、窯焼き器に吊るし
てセットする。

2 POINT
窯焼き器を火にかけ、中強
火で加熱する。

3
加熱から10分後、煙が出
始めたら弱火にする。

伝統的な製法で薫香をのせ
赤身肉のうまみを引き出す

　この焼豚は、輻射熱を利用した伝統的な窯焼
き器でつくる。タコ糸で巻いて整形し、吊るし
て焼くことで肉全体に均等に火を入れつつ、滴
り落ちた脂から上がる薫香をまとわせる。赤身
肉のうまみがよく引き立つ製法だ。薫香とほの
かな苦みは好みを分けるものの、焼豚そのもの
に存在感があるため、トッピングのアクセント
になる。ダブルスープや豚骨、煮干しベースの
スープと好相性。煮豚などと比べると歩留まり
がよく、コストメリットもある。

4
フタ部分から煙が漏れてく
る場合、すき間をアルミホ
イルでふさぐ。

5
弱火にしてから2時間後、
芯まで火が通ったら取り出
し、チャーシューだれに
50分間漬けて完成。冷蔵
庫で保存し、注文ごとに切
り分けて提供する。

材料

豚モモ肉
チャーシューだれ(醤油2:みりん1)

POINT

2 はじめは中強火で加熱し、10分後に煙が出
始めたら弱火にする。序盤の加熱で肉から脂
が落ち、その脂による薫香がうまみの一部に
なる。弱火にしてからは時間をかけ、じっく
りと芯まで火を通していく。

煮豚

醤油のうまみを閉じ込めてジューシーな歯ごたえに

1 POINT

豚バラ肉はロール状に巻き、タコ糸で縛る。豚清湯（34ページ）で1時間半〜2時間半ほど下ゆでする。めざす仕上がりによってゆでる時間を加減する。

2

チャーシューだれを寸胴に合わせて火にかけ、80℃になったら火を止める。1の肉を入れ、50分間を目安に漬け込む。

スープで下ゆでして とろける食感に仕上げる

　とろりとしたやわらかさが身上の調理法で、バラやウデ肉をロール状に巻き上げてつくる。豚清湯をとる工程でじっくり下ゆでした後、チャーシューだれに漬け込み、とろける肉の食感、濃厚なうまみを際立たせる。この漬け込みだれは、醤油とみりんのシンプルな構成に肉のうまみが加わり、ラーメンで使う醤油だれの一部になる。また、煮豚は大量に仕込みやすいので、発注量が多いECサイト専用ラーメン「ミヤザキチヒ郎」でも活用する。

3

途中で肉の上下を返し、味が均等に入るようにする。キッチンペーパーで肉を覆い、表面が乾くのと色ムラになるのを防ぐ。

4

50分後、肉を取り出して粗熱をとる。冷蔵庫に入れて保存し、注文ごとに切り分けて提供する。

材料

豚バラ肉
チャーシューだれ（醤油2：みりん1）

POINT

1 生の豚バラ肉を直接チャーシューだれで煮てもよい。チャーシューだれは醤油とみりんを合わせたものを使用。

低温調理チャーシュー

安心・安全を重んじつつなめらか食感に仕上げる

1
豚ロース肉とチャーシューだれを専用袋に入れて、真空器にかける。

2
1を袋ごと湯せんにかける。低温調理器などを使用して65℃を保つ。モモ肉の場合は、68〜70℃で2〜3時間加熱する。

加熱温度と時間を守って絶妙なやわらかさを実現

　肉を真空パックし、低温調理器で仕上げる。たんぱく質が固まりきらないギリギリの温度で肉の芯まで熱を入れるため、なめらかでしっとりした食感が実現する。他の調理法にはない仕上がりが最大のメリットだが、「低温」は諸刃の剣。ラーメン店の低温調理チャーシューは「レアさ」を指摘されることが多い。気体は熱伝導が悪いためしっかりと脱気し、安全な加熱温度・時間を厳守する。正しい知識、技術で安全・美味なチャーシューを提供したい。

3
2時間半後、袋を取り出す。

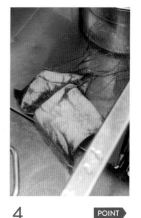

4 POINT
すぐに冷水に浸して急冷する。冷蔵庫で保存し、注文ごとに切り分けて提供する。

材料

豚ロース肉
チャーシューだれ（醤油2：みりん1）

POINT

4 チラーなどを活用して氷水で冷やす。急冷するのは、衛生面と肉を締めるため。冷やす時間を長くするほどチャーシューの色は濃くなる。

「麺」について
自家製麺、製麺所の使い分け

自家製麺を進化させながら
確かな技術の製麺所と連携する

本店、池袋店には製麺機を設置して自家製麺に取り組み、商業施設内にある東京駅店、厨房が狭小の王子店は、麺を製麺所に仕様書発注している。発注する「つくば製麺（茨城県つくば市）」は、ラーメン店を母体に製麺機能を強化してきた企業で、注文を受けてから製麺し、翌日納品する受注生産のスタイルをとる。多くの製麺所がさまざまな添加物を使用する中、同社が使用する添加物はアルコールのみで、小麦の風味を最大限に生かした麺には定評がある。近年は麺ごとに異なる製麺所から仕入れる店も多いが、ソラノイロは特定メーカーと連携し、フィードバックを重ねてベストな麺を模索する。

仕様書発注の際は番手や厚み、加水率や小麦粉の特性、ブレンドの比率まで細かく指定する。求める麺を把握し、要望に沿ってカスタムしてくれるつくば製麺には、絶大な信頼をおく。同社の麺は賞味期限が1週間。袋入りで配送され、管理がしやすい。冷蔵管理を徹底することで一定量の麺をストックできるのも魅力だ。製麺のエキスパートと細部まで仕様を詰められるのは、修業時代から自家製麺を手がけてきたことが大きい。

一方、グループとしては、創業6年目に大和製作所の製麺機を導入。満を持して自家製麺を採用した。小麦粉の選定や添加物に関する知識、製麺技術を高めることが前提になるが、自家製麺ではねらい通りの味わい、食感、風味をもった麺をつくることができる。現在は製麺所への仕様発注、自家製麺ともに理想通りの麺を提供できており、今後も手段にこだわらず、最適な麺をセレクトしていく。

麹町本店のリニューアルに伴って設置された製麺スペース。

加水率や麺の太さ、厚みによってゆで時間を調整。ベストコンディションで提供するための研究も忘れない。

自家製麺

本店、池袋店には製麺機を設置 打ち立ての麺を提供する

機器の構造から小麦粉の性質まで把握し 麺の仕上がりを多角的に考える

修業時代から自家製麺について研鑽を重ねてきたが、製麺機の導入に際して、改めてメーカーである大和製作所のセミナーを受講。製麺技術を再確認しつつ、マシンを細部までチェックする機会をつくった。

麺は番手と厚みが重要な要素だ。ソラノイロでは10〜18番まで4種を備えるが、切り刃はそもそも6番手から31番手まであり、その選択によって麺の太さやちぢれ加工を調整することになる。切り刃の選択以外に、麺の食感を左右するのが厚みだ。大和製作所の製麺機は、厚みなど製麺に関する値設定が厳密にでき、信頼がおける。また、ミキサー部など随所に安全装置が設置されている点も評価。ロール式製麺機では使用者の事故も決して少なくない。スタッフを守るために安全性を重視した。

本店に備えた製麺室では、エアコンで温度・湿度を厳密に管理する。とくに、加水とミキシングの際の温度設定には注意を払う。季節によって10〜20℃の間からベストを見きわめ、1回に80玉ほどを製麺。以前は製麺した当日に麺を使いきっていたが、今はそれぞれの味や風味が引き立つタイミングを見きわめ、打ってから1日、麺によっては2〜3日ねかせてから使用する。

自家製麺では小麦粉の選定も重要だ。麺の味、香り、歯ごたえ、伸び具合などは小麦粉のたんぱく質、灰分のバランスで大きく変わる。製粉会社とコミュニケーションをとりながら、粉に関する知識の習得、最新情報の入手に努めている。全粒粉やもち小麦など、個性的な粉を積極的に採用し、限定ラーメンではイチゴパウダーやチョコレートを練り込んだ麺にも挑戦してきた。他にトライしている店が少ないため、練り込みの技術は自分たちで集積していくほかないが、その反面やりがいもある。とくに色味の鮮やかな麺には可能性を感じており、食感、香りに加えて、色でもおいしさの表現を追求している。

麺を仕上げるときには、35〜40cmにカットする。これはラーメンを「すする」ときにおいしさや香りが鼻腔に届きやすい麺の長さで、ラーメンを味わう醍醐味に直結する。多くの製麺所はグラム単位でパッケージするため麺の長さは指定しにくい。この点でも長さを自在に調整できる自家製麺のメリットは大きい。

現在、製麺機を扱えるスタッフは3名。グループ一丸となって技術を向上させ、ソラノイロの麺をさらに進化させていく考えだ。

自家製麺の流れ

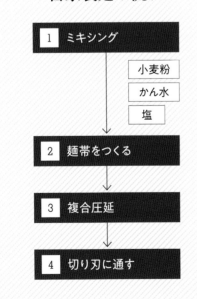

1　ミキシング

　　小麦粉
　　かん水
　　塩

2　麺帯をつくる

3　複合圧延

4　切り刃に通す

材料

小麦粉
　金斗雲（日清製粉）――――50%
　または真麺許皆伝（日清製粉）、
　あやひかり（平和製粉）
　越乃椿（日清製粉）――――50%
加水率（粉に対して）――　35～38%
かん水（同）―――――――1%
塩（同）――――――――1%

1

計量した小麦粉をミキサーに入れ、
粉だけで2～3分間撹拌する。水に
かん水、塩を混ぜたものを数回に分
けてミキサーに加える。

2

撹拌して粉に水を行き渡らせる。ミ
キサーの内側側面、羽根についた生
地を適宜払う。

3 POINT

気温や湿度を考慮の上、固さ、粘り、
水の浸透度を手でチェックしながら
10分間を目安に撹拌する。写真は
ミキシングを終えた生地。

4

ミキシングを終えた生地をロールに
かけ、麺帯にする。このときの麺帯
の厚さは1.5mmに設定する。

5

2つの麺帯をつくったら、ロールに
かけて合わせ、ローラーをゆっくり
とかけながら1つの麺帯にする。

6

複合圧延を行なった麺帯の厚さは
1.5～1.7mm。でき上がった麺帯を
切り刃に通してカットする。

7

中華そばの場合、切り刃は16番の
丸刃を使う。長さを35～40cmに
合わせて切り、1束約250gで束ね
る（グラム数では分割しない）。ゆで
る時に1人分150gを計量する。

8 POINT

束ねた麺は木箱に移して保管し、2
～3日熟成させてから使う。

POINT

3 ミキシングの最中は適宜ミキサーを止めて状態を
確認する。全体が細かなそぼろ状になったら終了
の目安。

8 でき上がった麺は蒸れたり乾燥したりしないよう
に保管。通気性のよい木箱に麺袋の紙を敷いてか
ら麺玉を置くようにする。

麺図鑑

ソラノイロでは各店のコンセプト、厨房設備、メニュー構成に応じて自家製麺、または製麺所に仕様発注した麺を使い分けている。ここでは、4店で使用している主要10種の麺を紹介。自家製麺については、粉の銘柄と配合比、加水率などの詳細を掲載する。

｜ソラノイロ ARTISAN NOODLES ｜　自家製麺

中華そば、つけそばという2大メインメニューの麺を自家製。主に使用する切り刃は10番、12番、16番、18番。中華そばは16番を使用したストレート丸麺、つけそばは10番を使用した平打ち麺。小麦粉は風味や食感が異なる4〜5種をブレンドし、もち小麦を使用した小麦粉「もち姫」、もっちりした食感と小麦のやさしい香りが生きる「越乃椿」など、個性的な小麦粉も使用する。また、季節の限定ラーメンの麺も自家製。イチゴパウダーを練り込んだ麺など、製麺所に発注しにくい麺もカスタムし、幅広いバリエーションを実現している。

粉の配合とつくり方は左ページ参照。ちゃんぽん用としてポピュラーな16番の丸刃を使った、ストレートの中細麺。つるっと食べやすく、昔ながらのラーメン店にあるような、懐かしさを感じさせる麺。

中華そば（72ページ）に使用

2〜2.2mm厚さ、切り刃10番の太平打ち麺。もち小麦と全粒粉を配合しており、小麦のおいしさと香りが甚能できる。つけ麺にありがちな強さではなく、やさしい味わいでもちっとなめらかな食感が特徴。

つけそば（74ページ）に使用

材料

小麦粉

もち姫（平和製粉）	30%
真麺許皆伝（日清製粉）	30%
越乃椿（日清製粉）	30%
ロレンス（日清製粉）	10%
加水率	35〜40%
かん水	1%
塩	1%

ソラノイロ池袋店 自家製麺＋つくば製麺

　本店で仕入れる小麦粉に準じつつ、ブレンドは適宜調整して中華そば・つけ中華の専用麺を自家製している。生姜醤油スープに合わせるだけあって、中華そばの麺(切り刃18番)はスープとのなじみやすさが最優先。小麦の香りは比較的控えめに調整する。麺を主役に位置づけるつけ中華の麺は切り刃10番で太めだが、平打ちに寄っており、なめらかな食感。噛みごたえ、歯ごたえよりものど越しを重視した仕上がりだ。厨房に設置した製麺機を扱うのは、大庵店長ほか経験豊富なスタッフ1名のみ。安全第一を合言葉に、翌日に使う麺を打つ。

材料

小麦粉	
宝雲(日清製粉)	60%
越乃椿(日清製粉)	40%
加水率	37%
かん水	1%
塩	1%
卵白	1%

2mm厚さ、切り刃18番で打つ中細麺。もっちりとした食感で、すすったときにショウガの香りが立つよう35〜40cmにカット。麺は1日ねかせてから使う。

中華そば、その他(86、90、91ページ)に使用 ▷

つくば製麺に発注する、シイタケパウダーを練り込んだソラノイロのオリジナル麺。上品なシイタケの香りで、キノコのスープと合わせるとさらに芳香が倍加する。

キノコのベジソバ(88ページ)に使用 ▷

上記の中華そばと同じ粉と配合で、1.5mm厚さ、切り刃10番でつくる平打ち麺。つけ麺らしく、スープの持ち上げがよく、存在感のある食感を追求した。

つけ中華(89ページ)に使用 ▷

小麦粉を完全除去した特殊麺

グルテンフリー麺

玄米でつくったヘルシー麺は
デトックス麺としても訴求

　ベジタリアン向けのヴィーガンラーメンを2014年に開発し、それを起点に小麦が食べられない人でもラーメンが楽しめるよう、小麦粉不使用のグルテンフリー麺を探してきた。2015年からは縁あって島根県雲南市・宮内舎（66ページ）の「玄米麺」を使用。食感はもちっとして、噛みしめると香ばしい。これは玄米を焙煎してから練っているためで、玄米がもつ油分が麺の中に閉じ込められ、独特の食感と香ばしさをもたらす。乾麺なので保存性が高く、扱いやすい。食物繊維が豊富で美容効果の高い「デトックス麺」としてもアピールでき、女性客への訴求効果も高い。

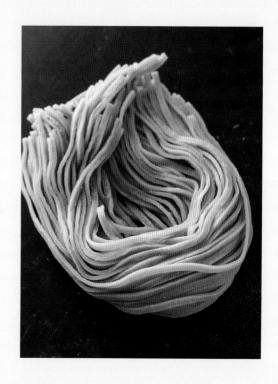

グルテンフリー塩ラーメン

83ページ

ソラノイロNIPPONで提供するメニュー。玄米麺を使用し、たれや油、トッピングにも小麦由来の材料をカット。小麦の麺をゆでる鍋と別の鍋でゆでるオーダーにも対応する。

｜ソラノイロNIPPON｜ つくば製麺

東京駅「東京ラーメンストリート」にあり、旅行客や出張客、外国人ツーリストも多く訪れる。多様なニーズに対応するため、メニューのバリエーションはグループでも屈指。メインのラーメン、つけめんはつくば製麺に発注したもの。淡麗醤油ラーメンの麺は、うどん用粉「金斗雲」を100%使った細麺(切り刃18番、1.5mm)。歯ごたえがありつつ、食べ進めるうちになめらかさを増していく二段構えの仕様だ。"極"醤油つけめんの麺(同10番、1.6mm)は、国産小麦の中でも希少な「ハルユタカ」を100%使用したもの。ベジソバ麺(同12番、1.5mm)、玄米麺と合わせて4種をラインナップする。

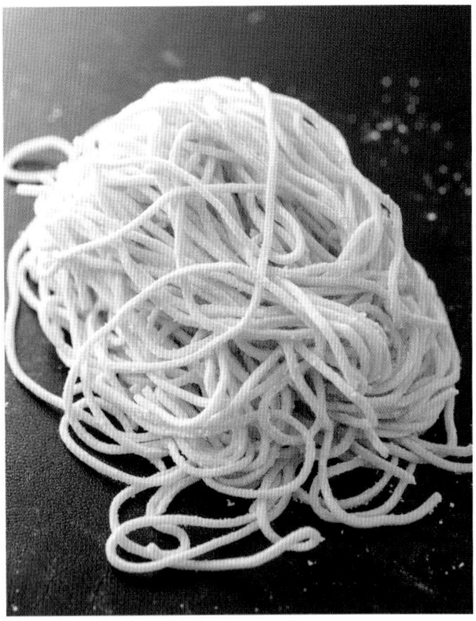

うどん用の高級小麦粉、金斗雲(きんとうん)を50%以上使用した中細麺。この小麦で打つ麺は、黄色みを帯びた色調と色の冴え、香りのよさ、もちもちとした食感と食べたときのつるみが特徴。

淡麗醤油ラーメン、ヴィーガン2種(78、82ページ)に使用

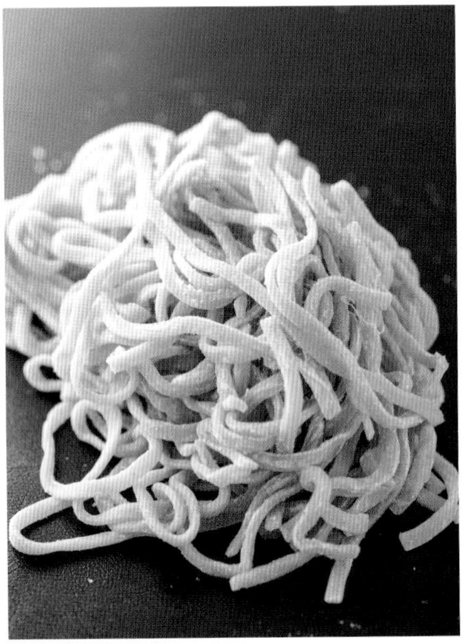

その希少性から「幻の小麦」とも呼ばれる国産品種、ハルユタカを100%使用した麺。灰分を多く含むため、味がよく、うまみが強いのが特徴。やさしい香りがスープとよく合う。

"極"醤油つけめん(80ページ)に使用

パプリカを練り込んだソラノイロのオリジナル麺。鮮やかなオレンジの発色が美しい。パプリカ由来のほのかな辛みがあり、これがニンジンスープの甘さを引き締める。

ベジソバ(81ページ)に使用

| 空ノ色王子店 |

つくば製麺

　ソラノイログループ初の豚骨メニューを展開する店舗ということで、麺も九州、福岡のラーメンをイメージ。つくば製麺に仕様発注し、トライアルを経て採用した。切り刃は22番、1.6mm厚さの中細ストレート麺。博多ラーメンでは一般的な28番ほど細すぎず、しっかりした歯ごたえ、噛みごたえのある麺に仕上げている。そのため、ゆで加減はバリカタではなく、ややややわらかめをデフォルトに設定。1玉は100gと、博多ラーメンと同等のポーション。替え玉に味をつけて提供する「和え玉」を採用しており、麺の多彩な食べ方を提案している。

豚骨ラーメンに合わせて開発した、低加水で打つ中細ストレート麺。一般的な博多ラーメンほど細すぎないので、食べごたえのある仕上がり。

淡口・濃厚豚骨ラーメン(94、96ページ)に使用 ＞

全国から取り寄せる無二の素材
ソラノイロがつながる生産者たち

ソラノイロでは、全国各地から厳選した素材を取り寄せている。創業時から使っている「瀬戸のもち豚」をはじめ、アイコトマトや天草大王など、店のメニューに欠かせない素材として生産者との関係を深めてきた。生産者名をそのままメニューに冠することもある。

生産者と直接つながるメリットは、いい素材を新鮮な状態で、安価に仕入れられるだけでなく、産地に出向くことで、栽培・飼育状況を見学するなど「体験」し、さらに素材への理解が深まり、表現方法が大きく広がることにある。

とくにここ数年は「日本の四季をラーメンで表現する」ことをテーマに掲げ、さまざまな素材との出会いを限定ラーメンなどに昇華させてきた。顔の見える生産者から直接、納得のいく素材を仕入れることで、自分たちが感動した体験を一杯のラーメンに乗せていきたいと考えている。

玄米麺・野菜
（宮内舎／島根県雲南市）

玄米麺の供給をきっかけに 「ソラノイロ農園」が始動する

島根県雲南市大東町で地域の農家と協力し、無農薬・減農薬の米からつくった玄米麺を提供する宮内舎。運営者の小倉健太郎さん・綾子さん夫妻は、ソラノイロの経営方針に共鳴し、「自慢の玄米麺を食べてもらえませんか」とオファー。商品のクオリティ、そして現地の田園を視察して提携を決めた。自然豊かな里山で、ミネラルたっぷりの水で育てた玄米から生まれる麺は、モチモチとした独特の食感。この縁から雲南市に無農薬・有機肥育のニンジンを育てる契約農園「ソラノイロ農園」を開設。生産者と関係を密にしつつ、土に根ざした食材を産地直送で仕入れている。

雲南市大東町を何度も訪問し、玄米麺に使用する米の刈り入れも経験した。宮内舎は島根県の山間で農業を支え、地域と景観を守っている。野菜は農薬を使わず丹精込めて育てており、野性味あふれる抜群の味だ。

瀬戸のもち豚
（瀬戸牧場／広島県福山市）

最高の環境で育てた豚は甘みと豊かなうまみが屈指

　広島県福山市で約3000頭の豚を飼育する瀬戸牧場（日本畜産）。ウッドチップを敷き詰めたバイオベッド、一般の養豚畜舎よりも3〜4倍広いスペースを確保し、ストレスない飼育環境を実現している。独自の発酵飼料「リキッドフィード」で育てた瀬戸のもち豚は、きめ細かい肉質で、脂身も上品でやわらかい。甘みと豊かなうまみが特徴だ。この魅力をフルに生かすため、さまざまな部位を活用できる一頭買いで契約。チャーシューからシューマイ、「かえでパン」のヒレカツコッペパンまで、余すところなくメニューに使いこなしている。

牧場長の小林太一氏は『博多一風堂』時代からの知己。飼料や飼育環境を追求して研究を重ね、サシ（霜降り）が入りやすく、うまみが濃厚な肉になるよう、豚を育てている。

天草大王
（明成／熊本県上天草市）

日本最大級の地鶏がもたらすリッチなうまみと豊かなコク

　天草大王は熊本県天草で飼育されている、背丈90cm、体重約7.5kgにもなる日本最大級の地鶏だ。不飽和脂肪酸やコラーゲンなどをたっぷり含み、スープに使えばくさみがなく、上品な仕上がりに。鶏油も風味があるため、鶏らしいリッチなコク、香りがのせられる。うまみの強さ、極上な香りにひかれて仕入れルートを模索していたが、上天草市から町おこしプロデュースを依頼され、生産者である山口博子氏と接点ができた。鶏ガラ、モミジ、軟骨などをパッケージした「ミックス」を仕入れ、鶏スープの素材として活用している。

一般的なブロイラーの丸鶏は約2.2kgだが、天草大王は約3kg。肉量、ガラ量が豊富で豊かなうまみをたたえる。

アイコトマト

（竹之内農園／北海道遠別町）

北海道の冷涼な気候が育てる
糖度10超えの希少なトマト

　ソラノイロの夏を象徴する限定麺といえば「アイコトマトの冷やし麺」(108ページ)。糖度が10を超える逸品トマトを生産するのが、北海道天塩郡遠別町の竹之内農園だ。遠別は年間を通して冷涼な気候で、日中と夜間の寒暖差が激しい。このため野菜は自然に糖度を蓄えるようになる。さらに日本海沿岸の潮風が吹きつける土壌で育つため、ミネラル分も豊富。生産時期が限定されるため、ソラノイロで提供できるのは8～9月末までの期間だが、フルーツのようなコク、糖度10にもなる甘みは絶品。これぞ宝石のようなトマトだ。

真っ赤に色づいたトマト。青いうちに収穫する一般的なミニトマトと違い、熟すまで待ってから収穫する。

恒例の限定ラーメン「アイコトマトの冷やし麺」だけでなく、東京駅店のベジソバ、ヴィーガン担々麺の具材にも使用する。

ベジソバを彩り、強いうまみ、甘みを加えるミディトマト。10月～翌6月までの季節限定で採用する。

瀬戸内海の美しい海岸沿いにある松山市北条地区。豊富な日照量と豊かな土壌でうまみの詰まったトマトを育てている。

ミディトマト

（風早 山本農園／愛媛県松山市）

土から育てる濃厚なトマトが
ベジソバのうまみを下支えする

　完熟堆肥を基本に、大豆や炭・微生物などを独自にブレンドした健康な土で野菜を育てる風早 山本農園（愛媛県松山市）。化学肥料や農薬の使用を極力抑えており、安心・安全なオンリーワンの栽培体制を誇る。トマトは自然の恵みを凝縮したような濃厚さ、酸味の少なさが特徴。うまみをのせたピュレにしても強い下支えになるが、色味が鮮やかで香りもフレッシュなため、ベジソバや限定ラーメンの主要具材に採用。農園名を冠した「山本農園のトマト担々麺」など、全面的にフィーチャーしたメニューで活用している。

2章

メニュー展開の方法論

各店のコンセプトと
メニューバリエーション

ソラノイログループ
直営店のコンセプトとメニュー構成

本店

ソラノイロの世界観を体現すべく店主・宮﨑千尋が陣頭指揮をとる

グランドメニューは中華そば・つけそばが二本柱で、素材のうまみを引き出すスープとたれ、自家製麺の提供に注力する旗艦店だ。手間をかけた限定メニューに対応できるよう、厨房にはさまざまな調理機器を備えており、店の一角には製麺室も併設。仕込みから営業まで宮﨑が陣頭に立ち、20年以上に及ぶ職人歴で培った技、知識の粋を集めたラーメンを提供する。

ソラノイロ ARTISAN NOODLES
東京都千代田区平河町1-3-10
ブルービル本館1B
開業年月／2011年6月

Menu

中華そば	950円	特製つけそば	1450円
特製中華そば	1400円	瀬戸のもち豚つけそば	1350円
瀬戸のもち豚チャーシューそば	1300円	特製手作り焼売(2個)	300円
つけそば	1000円		

東京駅店

東京の玄関口で幅広い層を集めるヴィーガン、グルテンフリーも用意

JR東京駅八重洲口に直結する東京駅一番街で営業。国内外の観光客がアクセスするロケーションを鑑み、王道の鶏清湯でつくる淡麗醤油ラーメンとつけめんを主力にしつつ、本店で開発したベジソバで女性客にもアピール。さらに動物系素材を不使用のヴィーガンラーメン、小麦粉不使用のグルテンフリーラーメンなど、幅広い層に訴求するメニューをラインナップする。

ソラノイロ NIPPON
東京都千代田区丸の内1-9-1
東京駅一番街地下ラーメンストリート
開業年月／2015年6月

Menu

淡麗醤油ラーメン	830円	特製ベジソバ	1080円
特製淡麗醤油ラーメン	1130円	ベジソバリゾットセット	1000円
"極"醤油つけめん	900円	ヴィーガン醤油	1200円
特製"極"醤油つけめん	1150円	ヴィーガン担々麺	1200円
辛口淡麗醤油ラーメン	950円	グルテンフリー塩ラーメン	1300円
ベジソバ	880円	皿ワンタン	150円

池袋店

町場の食堂をコンセプトに
サイドメニューも充実させる

　池袋から徒歩5分と好アクセスながら、路地裏という立地を生かした「食堂風」の店づくり。店内外の意匠も東京の老舗中華店、札幌の大衆食堂をオマージュしたものだ。製麺機を設置して麺は自家製だが、メニューは大衆食に寄せた構成。背脂を効かせたショウガ醤油の中華そばや、クラシカルなつけ中華を中心に、つまみや定食のサイドメニューも強化している。

ソラノイロ池袋店
東京都豊島区池袋2-22-5
東仙第2ビル1F
開業年月／2019年1月

Menu

中華そば	780円	旨辛つけ中華	930円
焼豚中華そば	980円	旨辛焼豚つけ中華	1130円
つけ中華	880円	旨辛油そば(追い飯付き)	900円
焼豚つけ中華	1080円	キノコのベジソバ(限定10食)	880円
油そば(追い飯付き)	850円	餃子(4個)	350円
旨辛中華そば	830円	チャーシューエッグ	750円
旨辛焼豚中華そば	1030円	自家製タルタルのチキン南蛮	680円

王子店

創業10年の節目にオープン
満を持して投入した豚骨スープ

　豚骨ラーメンに特化し、2021年3月にオープンしたグループ最新店。店内は8席で厨房もコンパクトだが、九州のローカルラーメンをモチーフにした淡口・濃厚という2種類の豚骨スープをていねいに仕込んでおり、和え玉やかしわ飯などの九州ならではのサイドメニューも充実。厨房レイアウト、動線を工夫してオペレーションの完成度を高めている。

空ノ色王子店
東京都北区堀船1-4-9
開業年月／2021年3月

Menu

淡口豚骨ラーメン	780円	ネギ濃厚豚骨ラーメン	1000円
生卵淡口豚骨ラーメン	830円	チャーシュー濃厚豚骨ラーメン	1200円
ネギ淡口豚骨ラーメン	880円	特製濃厚豚骨ラーメン	1200円
チャーシュー淡口豚骨ラーメン	1080円	替玉	100円
特製淡口豚骨ラーメン	1080円	煮干し和え玉	180円
濃厚豚骨ラーメン	900円	辛い和え玉	180円
生卵濃厚豚骨ラーメン	950円	かしわ飯	150円

中華そば

次代の定番・ネオクラシカルスープ
出汁・麺・油の三位一体で魅せる

　2020年10月のフルリニューアルで登場した、ソラノイロ本店のフラッグシップメニュー。ダブルスープは豚・鶏と魚介を合わせたもの。まろやかな醤油だれが味の土台を支える中、口中で豚・鶏と魚介のうまみがダブルで開花するように仕上げている。20年に及ぶ職人歴の中で宮﨑が見出したのは、「食べ手が口に運ぶタイミングに香りを最大化させる」という鉄則だ。その"香り"の核となるのが3つの油。野菜の風味を移した香味油と豚背脂は提供用スープの寸胴に加え、鶏油は醤油だれとともに提供時の丼に投入する。香味油と背脂は90℃前後を保って加熱していくことで、鶏油は提供寸前にスープに合わせることで、それぞれ最大限の香りを発揮する。

　麺は細心の注意を払って製麺室で打ち上げる自家製麺。もちもちした食感、適度な弾力が身上の丸麺に仕上げた。スープの持ち上げがよく、油との一体感も抜群。スープと麺、油の三位一体の好バランスで、食べ手に「最後の一滴まで飲み干したい」と思わせる、力強いラーメンを実現している。

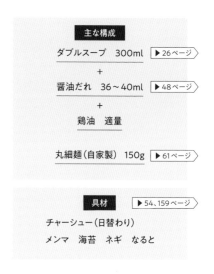

主な構成		
ダブルスープ　300ml	▶ 26ページ	
＋		
醤油だれ　36〜40ml	▶ 48ページ	
＋		
鶏油　適量		
丸細麺（自家製）　150g	▶ 61ページ	

具材	▶ 54、159ページ
チャーシュー（日替わり）	
メンマ　海苔　ネギ　なると	

動物系だしのキーになるのは熊本産の地鶏・天草大王だ。豊かなコク、うまみの基盤で、何より上品な味わいに仕上がる。

豚・鶏などの部位、低温調理や吊るし焼き、煮豚など、調理法が異なるチャーシューを日替わりで提供。チャーシュー麺には最大で4種がトッピングされる。

つけそば

自慢の自家製麺を食べさせる
つけ汁の絶妙なチューニング

　ソラノイロ本店のグランドメニューは長く汁麺のみだったが、2020年から初めてつけ麺を採用した。注力しているのは何といっても麺だ。つけそば用の麺は「越乃椿」など3種の小麦粉をブレンド。弾力感やゆで伸びの遅さなど、それぞれの小麦粉が持つ特長を引き出し、「麺のみで食べても充分においしい」と自負する麺を完成させた。しっかりと湯切りし、スピーディに水で締めることで弾力をアップ。ゆで加減も硬すぎず、ふんわりとした仕上がりをめざす。噛みしめるともっちりした歯ごたえを返し、小麦の風味が存分に味わえる麺だ。完成度の高い麺には、「つけ麺の原点回帰」を伝えるソラノイロのメッセージがある。

　スープのベースは、前ページの中華そばと共通の鶏・豚白湯と魚介のダブルスープ。濃度を上げて動物系のコク、魚介の香りのインパクトを高めており、存在感のある麺がよく絡む。麺が牽引しつつ、濃厚なつけ汁のうまさが追いかけてくるコンビネーションは、すだちのさわやかな締めで完結する。

主な構成	
ダブルスープ　200ml	▶26ページ
+	
醤油だれ　36〜40ml	▶48ページ
+	
鶏油　適量	
平打ち麺（自家製）150g	▶61ページ

具材	▶54ページ
チャーシュー*　海苔　なると	
ネギ　すだち　ワカメ	

＊焼豚、煮豚、低温調理の端部分をブロックにカットし、ランダムに合わせたもの。

ダブルスープの材料である豚足は、煮込んでとろとろの仕上がりに。オプションのトッピング（158ページ）としても人気だ。

効率のよいオペレーションがつけそばの生命線だ。ゆで上げたら素早く湯切り、水で締めた麺を盛りつけて提供していく。

店の"顔"をつくり、磨き上げる──その1 フラグシップラーメンの変遷

▍創業当時の主力メニューとして スタンダードな醤油清湯を提案

創業にあたり、メニュー筆頭に据えたのが「中華ソバ」。豚・鶏・魚の渾然一体としたうまみを丼の中に凝縮させ、しなやかなのど越しの麺に香味油を合わせた醤油ラーメンである。豚骨魚介などの白湯が台頭する中、新たなスタンダード清湯の提案をめざしたものだ。「本当に自分が出したい味は何か」を考え抜いたラーメンだが、スープの組み立ては、大好きだったあるラーメンをイメージした。15歳の頃から全国の名店を食べ歩く中で、最も感銘を受けた『我流旨味ソバ地雷源』(現在は閉店)である。店主の鯉谷剛至氏に薫陶を受け、うまみの出し方やコンセプトの考え方にヒントをいただいた。そして、職人としての考えでは、師匠である河原成美(『博多一風堂』創業者)が掲げた「変わらないために変わり続ける」が芯にある。一つの味に安住せず、常に向上をめざし続ける。主力ラーメンについても、その考えは変わらない。

2011
中華ソバ

豚ゲンコツと背ガラ、吉備鶏の動物系と昆布や煮干、サバ節厚削りでとった魚介系を合わせるダブルスープ。生醤油のたれを合わせて仕上げには焦がしニンニクを散らし、軽やかな香りを立たせた。

2014
中華そば

天草大王と魚介、野菜のスープに、
やわらかい醤油だれを合わせる。醤
油を長野県の丸正醸造に変え、まる
みのある味わいをめざした。なると
をのせ、ビジュアルもクラシカルな
ラーメンに寄せている。

2017　旨味出汁ソバ

鶏と豚の動物系に魚介を合わせたダブル
スープ。ごぼうのバターソテーをのせ、新
たな具材の方向性を提案した。

2019　ラーメン

和豚もち豚からとったピュアな背脂を浮か
べ、もちもちとした自家製麺を豚・鶏・貝の
スープに合わせている。

時代を読み、先へ進むために
主力ラーメンも変化を止めない

　創業から３年で主力商品である「中華ソバ」の大リ
ニューアルを決意する。その理由は、醤油や各素材の
うまみを際立たせ、キレのある味わいで刮目させるよ
り、丼の中のバランスで安心感をもって食べてもらい
たいと考えるようになったからだ。

　動物系・魚介系をブレンドするダブルスープから、
一つの寸胴で仕上げるシングルスープへ。縁あって確
保できるようになった熊本の地鶏・天草大王を味の軸
に、魚介と野菜からとっただしをおだやかな醤油だれ
でまとめた。ラーメン通だけではなく、広い層において
しいと思ってもらえる「中華そば」をめざした。

　その後2017年からは実験店での経験をもとに「旨
味出汁ソバ」を開発。天然醸造丸大豆醤油を醤油だれ
に起用し、前年から始めた自家製麺でフレッシュな麺
を味わう一杯を創った。2019年には多加水のもちっ
とした麺に豚・鶏・貝のスープを合わせ、背脂を浮か
べた「ラーメン」にモデルチェンジ。そして、2020
年からは最新型「中華そば」（72ページ）で、スープ・麺・
香味油のトータルバランスを提案中だ。主力ラーメン
の変遷には、「変わらないために変わり続け」てきた
ソラノイロの信条がある。

淡麗醤油ラーメン

生醤油の香りと地鶏のうまみを凝縮
ソラノイロ流の淡麗醤油・完成形

　日本最大級の地鶏・天草大王からとったスープは、地鶏ならではのうまみをていねいに引き出したもの。木桶仕込みの生醤油で仕込んだ醤油だれとも相性はよい。鶏清湯・生醤油という鉄板の組み合わせだが、凝った技法は採用せず、素材それぞれのポテンシャルを最大限に活かすことを考えた。全体的にはやさしく奥行きのある味わいで、世代を選ばず、広い世代に親しまれるスープを実現した。調理の仕上げでは、スープの表面に鶏油を浮かべ、芳醇な香りを立たせる。美しいビジュアルが映えるよう、提供用の白磁の器は色合いやフォルム、厚みにもこだわってセレクトした。

　つくば製麺が手がける麺はしなやかなコシがあり、歯切れも上々。日清製粉のうどん用中力粉「金斗雲」を使っており、のど越しもなめらかだ。リッチな鶏清湯、なめらかな金斗雲麺のマッチングを邪魔しないよう、トッピングはチャーシュー、メンマ、青ネギというシンプルな配置。丼の中のバランスを絶妙に調整した「引き算」の思想で構成した醤油ラーメンだ。

主な構成

鶏清湯　300ml	▶30ページ
+	
醤油だれ　27ml	▶156ページ
+	
鶏油　20ml	
+	
生搾り醤油　適量	

丸細麺(つくば製麺)　130g	▶64ページ

具材　　▶55ページ

チャーシュー(焼豚)
メンマ　青ネギ

天草大王でとる鶏清湯は、うまみ、コクが圧倒的で、まさに「グラマラス」という形容詞がぴったりだ。

スープを仕込む工程ですくって取り、提供時に加える黄金色の鶏油。クリアなスープに豊かなコク、芳醇な香りをのせる。

"極"醤油つけめん

希少小麦のハルユタカで打った麺のおいしさを存分に生かす

　北海道産の希少小麦「ハルユタカ」を100%使用した麺は小麦の香りを感じさせ、モチモチの歯ごたえとソフトなのど越しを両立。つけ汁は麺との相性を考慮し、鶏清湯をベースに鶏油で仕上げた。麺皿にはシンプルに海苔とすだちのみをセットし、見た目も味もさわやかに。

主な構成

鶏清湯　200ml　▶30ページ
＋
醤油だれ　27ml　▶156ページ
＋
鶏油　20ml

太麺（つくば製麺）　150g　▶64ページ

具材　▶55ページ

チャーシュー（焼豚）
青ネギ　海苔　すだち

ベジソバ

麺・スープ・トッピングの
すべてで野菜を大胆に使用

　パプリカを練り込んだ麺に、ベジブロスをベースにした
スープ。具材は季節ごとに種類を変え、200g以上の野菜
が摂取できるヘルシーさを打ち出しだ。仕上げに豆乳ソー
スをかけており、味変を楽しめるピリ辛の赤柚子胡椒と、
ビジュアルはコントラストで見せる。

主な構成		
スープ 合計 270ml	ベジブロス　適量	▶46ページ
	＋	
	塩だれ　適量	▶50ページ
	＋	
	野菜ピュレ　適量	▶157ページ
	＋	
	香味油　適量	▶156ページ
パプリカ麺（つくば製麺）　130g		▶64ページ

具材	▶158ページ
季節の野菜など　押し麦	
レンコンチップ　豆乳ソース	
粗挽きコショウ　赤柚子胡椒	

ヴィーガン醤油

動物系不使用でもコクを出す

ベジブロスに昆布などの乾物を合わせ、うまみの相乗効果を出したスープに、小麦不使用の丸大豆醤油で作った醤油だれを合わせた。動物系不使用ながら、レンコンオイルで風味とコクを出している。

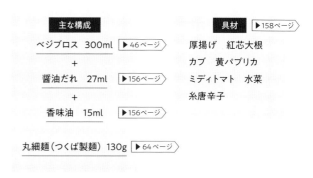

主な構成		具材 ▶158ページ
ベジブロス　300ml ▶46ページ		厚揚げ　紅芯大根
+		カブ　黄パプリカ
醤油だれ　27ml ▶156ページ		ミディトマト　水菜
+		糸唐辛子
香味油　15ml ▶156ページ		

丸細麺(つくば製麺) 130g ▶64ページ

ヴィーガン担々麺

練りゴマ、ラー油で奥行きを演出

味のベースになるのは、上記のヴィーガン醤油と共通の醤油だれとベジブロス。さらに練りゴマと酢、ラー油を合わせて風味のある担々麺に仕上げる。動物系不使用ながら、重層的な味わいに。

主な構成		具材 ▶157、158ページ
ベジブロス　300ml ▶46ページ		大豆ミート味つきそぼろ
+		小松菜　モヤシ
醤油だれ　27ml ▶156ページ		ミディトマト　水菜
+		糸唐辛子　松の実
練りゴマ、酢　適量		
+		
山椒油、ラー油　計30ml		

丸細麺(つくば製麺) 130g ▶64ページ

グルテンフリー塩ラーメン

時代のニーズに応えて開発した
スープ、麺に小麦不使用のラーメン

島根県雲南市の「宮内舎」から取り寄せた玄米麺を使い、塩だれや油にも小麦を一切不使用。トッピングの玉子や低温調理鶏チャーシューも醤油を使わず塩で味つけ。さらに小麦を避けたい方のため、ラーメン用とは別の釜で麺をゆでるオーダーにも対応している。

主な構成		
鶏清湯 300ml	▶30ページ	
＋		
塩だれ 23ml	▶50ページ	
＋		
鶏油 20ml		
玄米麺（宮内舎） 120g	▶63ページ	

具材	▶158ページ
鶏チャーシュー 塩玉子	
ブロッコリー 水菜	
ミディトマト なると	

「ベジソバ」誕生秘話

店の"顔"をつくり、磨き上げる──その2

開業の好スタートを支えた味 ヒントは「ニンジンジュース」

2011年の創業当時、ラーメン業界を席巻していたのはガッツリ・濃厚系。「二郎」系ラーメン、濃厚つけ麺の新店が多数登場していた。そこで、濃厚な味とはまったく違う方向性を提言すべく、野菜にフォーカスした「ベジソバ」を商品化する。着想のきっかけは、ホテルのラウンジで飲んだ100％ニンジンジュース。これってラーメンにならないだろうか？　──そんな着想から開発が始まった。

現ベジソバは野菜だしのベジブロスがベースだが、開発当初は動物系と魚介のダブルスープにムール貝の塩だれと野菜ピュレで構成。イタリアンシェフの友人からアドバイスを受けて試作をくり返し、ニンジンの甘みを生かすべく、バター煮のグラッセで仕上げた。野菜ピュレを前面に出し、ニンジンのオレンジ色がダイレクトに映えるスープが完成した。

2011
ベジソバ

創業当時のベジソバは鶏、豚、魚介でとったスープに野菜ピュレ、ムール貝の塩だれでまとめ上げたもの。パプリカ練り込み麺、具材のブロッコリーやキャベツなど、ビジュアルも豊かな彩りだ。

2013
キノコベジソバ

2013年開業の2号店『ソラノイロ salt & mushroom』（現在は閉店）で提供。豚骨をベースにマッシュルーム、生クリーム、マッシュルームペーストでスープを構成し、シイタケを練り込んだ麺を使用。

2016
ヴィーガンベジソバ

パリのラーメンイベント出店をきっかけに開発。日本で初めてグランドメニューとして登場したヴィーガンラーメンだ。

2019
ベジソバ

ニンジンがメインだったベジブロスにタマネギを加え、アサリの塩だれを合わせた2019年バージョン。甘みと塩味の好バランスに加え、重層的なうまみをもったスープに進化させている。

市場のニーズを見据えて開発
不断に進化させていく

　こうして、濃厚・ガッツリ系とは真逆のコンセプトで磨き上げたベジソバが創業時の看板メニューとなった。カラフルなビジュアルはもちろんのこと、野菜の甘みとムール貝の塩だれがコントラストをなす、新しい味の提案だ。

　ベジソバは、これまでラーメン店には足を運ばなかった女性客に訴求し、ラーメン業態として新たな顧客層を開拓した。ただ、創業当初は「こんなのはラーメンじゃない」といったネガティブな反応もあり、新しい味を提案する決意がブレそうになったこともある。た

だ、業界の先を進んでいきたいという信念の下、周知と情報発信に尽力。スタンダードな醤油ラーメンと並ぶ二枚看板としてベジソバを育ててきた。

　現在は業界内にもベジソバのフォロワーが増えている。しかし、野菜をフィーチャーしたラーメンをただ提供したから売れるわけではない。メニュー開発は外食業界のメガトレンドと顧客のニーズを見据えたもの。「今、どんなラーメンが求められるのか？」という分析あってこそだ。進化したベジソバを提供すべく、キノコアレンジ、ヴィーガン仕様といったバリエーションも追加し、さまざまな角度から「野菜×ラーメン」を模索してきた。今後も時代の風を読み、ベジソバを最新モードにブラッシュアップし続けていく。

中華そば

煮干しを香らせた生姜醤油に
もっちり自家製麺をマッチング

　煮干しをふんわりと香らせつつ、豚骨のシンプルな力強さが持ち味。「生姜醤油」という個性の強いスープだが、豚清湯をベースにショウガを効かせるだけなので、工程は複雑ではなくつくりやすいのがポイント。味の要になるショウガは豚清湯で煮込み、香りと辛みをスープに溶かし込んでいる。目の粗い網で漉した背脂を表面に浮かべ、ショウガの強さを甘めの背脂でやさしく包み込み、醤油のハーモニーを表現した一杯だ。ラー油を加えて旨辛中華そばに、つけ汁仕様にして麺をぐいぐいすすらせるつけ中華にと、ワンオペレーションでもメニューのバリエーションは広がる。

　毎日打っている自家製麺は吸水性を高めてスープとの調和を高めており、もっちりとした食感。町中華のコンセプトに合わせてファミリー利用も考慮し、伸びにくい配合にしている。チャーシューは吊るし焼き。肉のうまみがスープに溶け出し、味にコクと奥行きをもたらす効果もある。

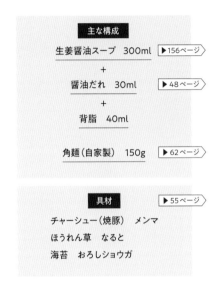

主な構成		
生姜醤油スープ　300ml	▶156ページ	
+		
醤油だれ　30ml	▶48ページ	
+		
背脂　40ml		
角麺（自家製）　150g	▶62ページ	

具材	▶55ページ
チャーシュー（焼豚）　メンマ	
ほうれん草　なると	
海苔　おろしショウガ	

スープをつくる際に別にとり分けておき、仕上げに表面に散らす背脂。豚の甘みがショウガの辛さを引き立てる。

自家製麺はもっちり、つるつるの食感が身上。その日に打った麺を温度管理しながら保管し、フレッシュなままゆで上げる。

キノコのベジソバ

ベジブロス＋マッシュルームの
スープとシイタケ練り込み麺

　野菜づくしのベジソバをキノコでアレンジ。具材のキノコはマッシュルーム、ナメコ、シメジなど多彩な食感のものをのせた。麺はシイタケパウダーを練り込んだ特注麺。スープはマッシュルームペーストをベジブロス、豆乳と合わせ、マイルドに仕上げている。

主な構成	
キノコベジソバのスープ　250ml	▶157ページ
＋	
玉ネギ油　10ml	
シイタケ麺（つくば製麺）　150g	▶62ページ

具材	▶158ページ
鶏チャーシュー　マッシュルーム	
なめこなどキノコ類　水菜	
ミディトマト　粗挽き黒コショウ	

生姜醤油スープに合わせる
のど越しのよい自家製麺

　平打ちに近く、つるりとしたのど越しをねらった自家製麺は。中華そばと同様、なるとをのせて古き良き町中華のメニューを再現した。つけ汁には大粒の背脂を浮かべてコッテリ感も加えるが、生姜醤油スープでさっぱりさせ、くどさを感じさせないように工夫している。

つけ中華

主な構成

生姜醤油スープ　150ml　▶156ページ

＋

醤油だれ　30ml　▶48ページ

＋

背脂　40ml

平打ち麺（自家製）250g　▶62ページ

具材　▶55ページ

チャーシュー（焼豚）
メンマ　ほうれん草　海苔
なると

油そば

もっちり自家製麺をスープオフに
追いショウガで食べやすく

　自家製麺のもちもち感を楽しんでいただくため、スープなしの油そばに仕上げた。卵黄とたれ、おろしショウガをとことん混ぜ込むことで、口中で香り、風味が立つように調整。油そばの必須アイテとして、締めに投入するライス「追い飯」も用意している。

主な構成	
醤油だれ　30ml	▶48ページ
＋	
背脂　70ml	▶34ページ
角麺（自家製）　200g	▶62ページ

具材 ▶55ページ
チャーシュー（焼豚）
メンマ　生卵　ほうれん草
なると　海苔
おろしショウガ

旨辛中華そば

自家製ラー油でレッドアレンジ
肉そぼろで辛みを二段変化させる

　中華そばと共通のスープに自家製ラー油を回しかけ、辛みの効いた肉そぼろをトッピングした旨辛アレンジメニュー。食べ進めるうち、肉そぼろが溶け出して味変する仕組み。トウガラシの辛み、肉そぼろが醸し出すうまみがスープに融合し、パンチのある味わいに。

主な構成

生姜醤油スープ　270ml	▶156ページ	
＋		
醤油だれ　30ml	▶48ページ	
＋		
背脂　20ml		
＋		
ラー油　10ml	▶156ページ	
角麺（自家製麺）　150g	▶62ページ	

具材　▶157ページ

肉そぼろ　メンマ
ほうれん草　海苔

他店から、異業種から、時流から学ぶ

店の"顔"をつくり、磨き上げる──その3

異分野のトレンドを取り入れつつ「ストーリー」を根底に秘めて

『中華そば 青葉』のインスパイア系として『九段 斑鳩』が注目を集めた2000年頃から、人気店の味やスタイルをとり入れた、いわゆる「インスパイアラーメン」が定着している。ソラノイロも『スパイス・ラー麺 卍力』など他店の店主との交流から生まれた限定ラーメンや、惚れ込んだ店に通い詰め、直接店主からアドバイスを受けて開発したメニューがいくつかある。

しかし、「あの店の人気メニューは売れそうだから」という考えで、他店や異業種のスタイルを真似てもやがて行き詰まる。ネットからでも書籍からでも、製法が簡単にインストールできるようになり、レシピの価値は軽くなる一方だ。そんな時代に、食べ手から惚れ込んでもらい、通い詰めてもらえるラーメンとは、どんな一杯だろうか。それは、店主の哲学が込められ、店が歩んできたストーリーに合致する一杯に他ならない。今後も感銘を受けた店やさまざまな異分野とも積極的に交わり、必然性、物語のあるインスパイアメニューを開発していきたい。

2019
彩り冷やし中華

大きめにカットした野菜の酸味、苦み、うまみがゴマだれと絡み、さまざまな食感も楽しめる。『うず担』(赤坂)大沼オーナー、『エンジン』松下シェフとの交流から生まれた、ソラノイロ定番の夏メニュー。

2019 マッスルラーメン

具材は鶏ムネ肉と玉子、スープはおからパウダーと豆乳などで、プロテインを練り込んだ麺を使用。1杯で80gのたんぱく質がとれるラーメン。2019～2020年に本店で提供。

新メニューを提案するため 時代のキーワードをつかむ

2019年、本店では「マッスルラーメン」を提供した。開発のきっかけは、SNSのタイムラインで、筋トレ好きのビジネスパーソンがサラダチキンで節制しつつ、「ラーメン食いてぇ！ 二郎が食べてぇ」と本音を吐露していたこと。そして、知人の起業家から「トレーニングしながらたんぱく質がとれるラーメンはないですか？」とたずねられたのがきっかけだ。鶏チャーシューや玉子で動物性たんぱく質を含み、スープのおからパウダーと豆乳で植物性たんぱく質をカバー。時代のキーワード「ダブルたんぱく」を象徴するフードとし

て日経新聞に取り上げられるまでになった。

このラーメンは女性客からの支持も厚かった。これはスープに油分を含まず、豆苗、トマト、ブロッコリーでビタミン、ミネラル、スーパー大麦で食物繊維を摂取できたからだ。彼女たちに刺さったキーワードは「ギルトフリー（罪悪感を覚えずに食の欲求を満たせること）」。油っぽくなく健康的。それでいてしっかりラーメンを食べた満足感が得られるのだ。

本店リニューアルに伴ってマッスルラーメンの提供は休止したが、東京駅店では「ヴィーガン」「グルテンフリー」といったキーワードをメニューに取り入れている。今後も時代の流れに敏感であり続け、先端を行くラーメンを開発していきたい。

淡口豚骨ラーメン

淡口醤油のたれを合わせた
マイルド&ライトな豚骨スープ

　関東人の舌に合わせ、豚骨のくさみは極力カット。うまみだけを抽出して仕上げた豚骨ラーメンだ。スープの材料には豚のゲンコツ、背ガラ、豚足など、さまざまな部位を使用。高温で炊き上げてうまみを引き出しつつ、煮込み時間と火加減の調整で濃度を適度に抑え、スッキリとした仕上がりに。仕込みで注意を払うのは醤油だれとスープのバランスだ。兵庫の「マルテン醤油」、鳥取の「カネマス手造りだししょうゆ 調宝」という2種類の淡口醤油をブレンドし、塩水を合わせて濃度を調整。舌触りはサラリとしたスープに、奥行きのあるうまみを出している。スープの表面には適度な背脂をのせ、ほのかなとろみ、甘みを演出する。

　合わせるのは、つくば製麺が手がける中細ストレート麺。「ライトなスープには細すぎず、硬すぎない麺が合う」との考えから、デフォルトのゆで加減は、やややわらかめで提供。チャーシューは低温調理の豚モモ肉で、スープに溶け出しにくく、しっとりした豚本来の味わいに仕上げている。

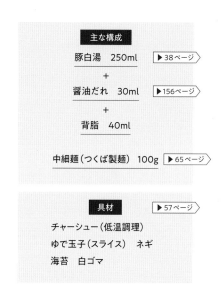

主な構成

豚白湯　250ml	▶38ページ
+	
醤油だれ　30ml	▶156ページ
+	
背脂　40ml	
中細麺（つくば製麺）100g	▶65ページ

具材　▶57ページ

チャーシュー（低温調理）
ゆで玉子（スライス）　ネギ
海苔　白ゴマ

大量の豚骨は血抜きを経てから炊き始める。アクは必要以上に取らず、うまみとしてスープに還元させるという考えだ。

前日に仕込んだ豚白湯と、その日に炊いた朝炊き白湯を9:1の割合でブレンド。ねかせて出たコクにフレッシュな香りを加え、提供用のスープを完成させる。

濃厚豚骨ラーメン

食べ手の嗜好に合わせてアレンジ
濃厚でパンチのきいた豚骨スープ

　前ページの淡口はクセ、くさみを抑えたマイルドな仕上がりだが、こちらは濃厚豚骨を求めるファンのニーズに応えたもの。豚白湯の寸胴にさらに豚ゲンコツを加え、6時間炊き上げて完成させる。淡口同様にくさみは極力排除し、豚骨らしいコクをていねいに凝縮させている。

主な構成

豚白湯　250ml　▶38ページ

＋

豚ゲンコツ

＋

醤油だれ　30ml　▶156ページ

＋

背脂　40ml

中細麺（つくば製麺）　100g　▶65ページ

具材　▶57ページ

チャーシュー（低温調理）
ゆで玉子（スライス）
ネギ　海苔　白ゴマ

サイドメニュー図鑑

サイドメニューは文字通りラーメンの脇を固め、店の個性を引き立てる存在だ。各店の人気ラインナップを選りすぐって紹介する。
レシピとつくり方は158ページから。

| ソラノイロ ARTISAN NOODLES |

特製手作り焼売

　ソラノイロでは最上の甘みとうまみをもつブランド豚「瀬戸のもち豚」を一頭買いし、本店のチャーシュー、背脂などに使っている。自慢の焼売は、ロースなどをトリミングした際に出る端材を用いたもの。食べごたえを出すよう、ごろりとした大きめサイズ。プリッとした歯ごたえに蒸し上げる。もち豚の肉汁をストレートに味わってもらうため、強いつけだれではなく練り辛子のみを添えて提供する。

| ソラノイロ NIPPON |

皿ワンタン

　ラーメン＋もう一品のちょい足しニーズ、そしてビールなどのつまみ用として開発したワンタンである。通常、トッピング用のワンタンは厚みのある皮で肉あん、エビあんなどをボリュームたっぷりに包み込むのがスタンダードだが、本品は薄手のしっとりした食感の皮をセレクト。ツルツルした歯ごたえ、のど越しよく仕上げている。小口切りにした青ネギ、淡味のたれに合わせて提供する。

│ソラノイロ池袋店│

餃子

　ソラノイロのECサイトでも人気の餃子。ニラと白菜をたっぷり使っているのが特徴。町場の食堂をイメージした池袋店にマッチするよう、サイズと形状はごくノーマルなものだが、肉汁がしみ出るジューシーな食感がセールスポイントだ。皮はパリパリさせすぎず、もちっとした食感を残す。ラーメンのサイドメニューとしてはもちろん、ビールやハイボール、サワーなど酒類のつまみとしても存在感を発揮する。

チャーシューエッグ

　池袋店の名物サイドメニュー。厚切りチャーシューに甘辛い醤油だれを絡め、半熟の目玉焼きを2つセットにし、練り辛子、マヨネーズを添えて提供する。肉厚のチャーシューは食べごたえがあり、見た目のインパクトも抜群。ビールに合わせて頼む常連客も多い。下町の食堂で供されるように、ライスとセットにしたオーダーも提案しており、「ご飯がすすむ」定食としても認知されている。

煮干し和え玉

「和え玉」とは九州、とくに博多のラーメン文化で一般的な「替え玉」にたれ、具材を合わせたもの。煮干し和え玉は麺を煮干し油であえ、カットしたチャーシューと青ネギをのせて提供する。最初の麺を食べた後に投入すると豚骨スープに煮干し油が混ざり、豚骨魚介系に味変する。最後まで飽きずに食べられる追加トッピングの新提案だ。

辛い和え玉

　肉味噌と青ネギをのせ、ラー油を回しかけて提供する。混ぜると肉味噌のうまみ、刺激的なラー油の辛みが融合。スープに投入すると旨辛スープのラーメンになる。うまみ・辛みのボディがしっかりしているため、和え玉に少量のスープを加えれば単体メニューの「まぜそば」としても成立する。ラーメンとは異なる食べ方の提案も可能だ。

かしわ飯

　細かくカットした鳥モモ肉、ニンジン、ゴボウを合わせ、淡口醤油で味つけして仕上げたシンプルなミニ丼。もともとは駅弁としても著名で、北九州エリアで親しまれてきたローカル料理だ。炊飯器で炊き、炊き上がりにひとかけらのラードを投入するのがポイント。ラードで米粒がコーティングされ、ツヤ感と、食感をキープする効果がある。

ラーメン店の可能性を拓く─その1 コッペパン業態「かえでパン」

商圏と見込み客を分析して ラーメンプラスαの業態に挑戦

2020年10月、1か月以上の改装工事を経た本店は、『ソラノイロ ARTISAN NOODLES』としてリニューアル。製麺室も増設し、ラーメンの生産体制を整備した。そして、同タイミングで併設したのがコッペパン業態「かえでパン」の販売コーナーだ。本店のある麹町はオフィス街でファストフードやコンビニ、弁当販売店は多いももの、ベーカリーはない。こうした商圏分析から、オフィスワーカーに向けて「こだわりのコッペパン」を訴求する。片手間の販売ではなく、開設には専従スタッフを確保。パンにはさむ焼きそばは自家製麺で、メンチカツとトンカツはチャーシューにも用いているブランド豚・瀬戸のもち豚を使用。コロッケなどの具材も手づくりするなど、グループが一丸となって取り組んでいる。

販売はラーメンの仕込みがはじまる朝9時から。通勤時の会社員が多く立ち寄ってくれるようになり、1日50個以上をコンスタントに販売している。

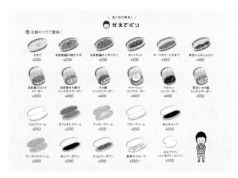

メニューは日替わりで、上記ラインナップから常時6種類以上を並べる。「麹町のコッペパン」として親しまれるよう、息の長い営業をめざす。

季節のフルーツ

旬のフルーツも随時コッペパンに。限定ラーメンでフルーツを多く用いることから、果実の産直仕入れルートも整備している。

自家製麺の焼きそば

焼きそば、ナポリタンの麺は製麺室で打って提供。顧客の反応を聞き、食感や麺の長さなどを随時ブラッシュアップする。

▌店頭での対面販売を通して
顧客の情報、ニーズを収集する

コロナ禍を経たラーメン店の多くはフードデリバリー、テイクアウトに応えする体制を整備している。しかし、ラーメンだけではなく、それ以外のフードコンテンツも積極的に取り入れることが次の一手につながる。実際、かえでパンは商業施設から打診もあり、フットワークの軽い店舗展開が視野に入っている。

また、対面販売を通し、店主を含めたスタッフが「現場に立つ」「情熱をもって臨む」姿勢も飲食業には不可欠だ。「フードテック」に象徴されるように、飲食業界もIT化、キャッシュレス化、セルフ化の波が押し寄せる一方で、顧客の立場に立った視点とスタッフの情熱は不変の力になる。店主が先導して現場に立ち、顧客とコミュニケーションを通して生の情報、ニーズを収集し、新たな時代の進路を模索していければと考えている。

2021年3月オープンの王子店にもかえでパンを併設した。住宅街での販売を通して、さらなるマーケティングデータを収集していく。

ラーメン店の可能性を拓く――その2

ECサイトの展開

イートインでカバーできなかった顧客に訴求し、新市場を開拓する

ソラノイロはネットショップ展開プラットフォーム「BASE」を活用し、ECサイトを構築している。ECサイトは新たな売り上げを立てる「キャッシュポイント」と考えられがちだが、「顧客にラーメンを届けるための新しいかたち」としての期待が大きい。

たとえば、ECでよく売れるのは二郎系ラーメンの商品「ミヤザキチヒ郎」だ。リアル店舗の二郎系も根強い人気だが、行列が長かったり、独特の注文があったり、焦りながらボリューミーなラーメンを平らげなきゃいけなかったりと、女性客などにはハードルが高いのも事実だ。その点、ECサイトで楽しむ「おうち二郎系」なら、時間にも食べ方にも何の制約がない。これはあくまで一例だが、イートインではカバーできない購買層を掘り起こし、需要を新しく作ってくれる。ECサイトにはそんな期待があるのだ。

おうちでソラノイロ

ハルユタカ小麦の"極"醤油つけめん（180g）2食セット
ハルユタカ小麦の"極"醤油つけめん（180g）2食セット（クール便送料込）
¥2,980

ハルユタカ小麦の"極"醤油つけめん 麺大盛（270g）2食セット
ハルユタカ小麦の"極"醤油つけめん 麺大盛（270g）2食セット（クール便送料込）
¥2,300
SOLD OUT

ソラノイロ ARTISAN NOODLES「中華そば」2食セット（クール便送料込）
¥2,980

ECサイトの顧客は全国規模。麹町をはじめ東京の店舗に足を運べない地域の方のオーダーが多く、新規ファンが広がっている。

ミヤザキチヒ郎

限定ラーメンで提供し、好評だった二郎系をECサイト用にリニューアル。スープ、たれ、麺にも定番食材を使用したコッテリラーメンだ。

イチゴの冷麺（ゲリラ限定）

本店で限定販売し、行列を作ったフルーツラーメン。ECサイトでもゲリラ販売を実施し、即ソールドアウトとなった。

ソラノイロ特製ミニ丼

有田焼の窯元に依頼したミニ丼。本店では子ども用のラーメン丼に活用しているが、おうち用ではさまざまな用途に使える。

丼などのアイテムも販売してライフスタイルを提案していく

ECサイトでは「サイト限定で商品を創っていく」という発想がある。商品は定番メニューに加え、『夢を語れ』『中華ソバ ちゃるめ』『長尾中華そば』など、全国の有名店とコラボで商品を制作し、支持されてきた。だが、扱う商品はラーメンにとどまらない。最近は、店舗オリジナルの丼とラーメンを合わせたセットも好評だ。丼は単価の高さに注目されがちだが、ねらいはそこではない。「店舗と同じ丼でソラノイロのラーメンを食べてもらえたら、おいしさも楽しさも2割増しになる」という提案だ。丼、ミニ丼を手始めにレン

ゲ、箸、お盆、シューマイやチャーハンに使える六角皿も開発を進めている。

焼き物や器に気を配る。これも日本の食文化だ。『博多一風堂』修業時代に師匠が有田焼の丼を使っていたことから、ソラノイロも創業時より丼に有田焼を用いてこだわっている。

近年、『DEAN&DELUCA』『TODAY'S SPECIAL』など、食料品や調味料、器や雑貨など、食と文化を合わせて提案する店舗が支持されている。今後求められるのは、フードだけではなく、生活や文化をトータルで提案できる店だ。「おうち時間」の充実が一大関心事になる中、ソラノイロはライフスタイルを提案できるラーメン屋でありたいと考えている。

3章
限定ラーメンのつくり方

発想法と商品開発の手順
アーカイブと全リスト

限定ラーメンの考え方

発想と着地、作り込み

季節のテーマ食材を核に据えて旬の味、彩りを提供していく

「限定ラーメン」とはグランドメニューとは別枠で提供するメニューのこと。テーマ性、企画性をもって創作、一定の期間に限って提供する。創業以来、繰り出した限定ラーメンは200種以上に及ぶが、最も重要視しているのは、そのラーメンを表現する「テーマ食材」だ。だし食材や麺、トッピングなど、限定ラーメンの核になる要素はさまざまだが、強く訴求するのは季節を感じる食材。ソラノイロが最初に手がけた限定ラーメンは2011年6月19日、つまり創業から5日後に発売した「グリーンベジ冷麺」は、発売当初「季節の限定麺」と銘打ったように、季節感に重きをおいた「旬のラーメン」として提案した。

ソラノイロは、中華ソバ・ベジソバを2本柱に創業した。前者は男性客、後者は女性客に受けて手応えを感じたが、創作色の強い「季節の限定麺」はラーメンフリークに強く訴求。実質的な3本柱の一つとして、好調なスタートを後押しする存在となった。

メニュー開発を支える幅広い食への探求心と経験値

前述した第一号の限定麺はメディアからの依頼を受けたもので、発案から試作まで3日で完成させた。そのスピードを支えたのは修業時代の業態開発などの経験と、15歳から積み重ねてきた食べ歩きだ。これはメニュー開発に欠かせない貴重な知見になる。全国の有名店、ご当地ラーメンなど、大学在学中だけで500軒を食べ歩いた。ただ実食するだけではなく、麺やスープ、具材や香味油の組み合わせを構造化し、いつでも

限定創作の考え方

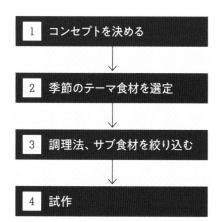

1 コンセプトを決める

↓

2 季節のテーマ食材を選定

↓

3 調理法、サブ食材を絞り込む

↓

4 試作

獄きみは冷やし麺、つけ麺などで、三陸ワカメは塩ラーメン、酸辣湯、スタミナラーメンなど、毎年異なるアプローチで限定ラーメンに仕上げている。素材のグレードが高いだけに、切り口を考え抜くのも楽しい。毎シーズン食べに訪れるファンに「今年はこう来たか！」と思わせるのが職人の醍醐味だ。

2018
沖縄もとぶ牛の
牛スジ
味噌ラーメン

もとぶ牛のスジ肉をとろとろに煮込み、厚揚げとコンニャクと合わせ、ニンジンしりしりもトッピングして仕上げた。

再構築可能なように頭の中にストックしている。実際の創作に際しては、まずは既知のスープ・たれ・香味油と、新たにフィーチャーする材料の組み合わせを構想し、モデリング。ある程度まで材料を試算できるため、あとは厨房に入って実工程を詰めて完成へ。レシピは最大でも3回程度の試作で仕上がる。幹部スタッフからのアイデアも加わり、開発数とスピードは年々上がっていく一方だ。基本的に、各店で毎月1品のペースで限定ラーメンを開発・提供している。

創業翌年からはイタリアン『ラ・ブリアンツァ』(麻布十番)、カレー店『世田谷クミン』(経堂)など、異業種異業態とのコラボによる限定もスタート。ラーメンにとらわれず、料理人としていかんなく創意を発揮できることもあり、積極的に取り組んでいる。2018年にはミスタードーナツとのコラボで飲茶メニューを共同開発。この頃から「キューサイのマズくない青汁冷麺」をはじめとする大手メーカーとの協業が活発化してきた。近年はスイーツ系など食のインフルエンサーたちとのコラボも手がけ、ラーメン業界外への情報発信も意識する。

2021
イチゴの冷麺

4種のブランドイチゴをスープと具材で合計24個分も使い、麺はイチゴパウダーの練り込み麺。イチゴづくしの冷麺だ。

ソラノイロは全国の生産者と提携して食材を調達しているため、とくに旬の短いブランド野菜や果物を使った限定にチャレンジすることが多い。たとえば、糖度の高いトウモロコシ「嶽きみ」は夏の限定ラーメンとして認知度が高まっており、つけ麺や冷やし麺など、毎回アプローチを変えて提案する。一部で定番になるシーズナルメニューもあるが、基本的には同じ切り口は使わないのがポリシーだ。

展開しやすい食材、テーマなど

	春	夏	秋	冬
定番化した「旬」ラーメン		彩り冷やし中華 冷やし塩煮干し アイコトマトの冷やし麺	すだちの限定	年越しソーキそば 味噌ラーメン
食材	生ワカメ (三陸) 山菜、春野菜、貝類 イチゴ	フルーツ各種 スイートコーン	すだち サンマ キノコ カボチャ	柚子 味噌
仕立て、イベントなど	潮仕立て	冷やし麺 かんきつ類	ポタージュ、味噌、濃厚系 ハロウィン	年越し 正月 バレンタイン

通年	・食のトレンド(ヴィーガン、ローカル食、健康志向食材) ・コラボメニュー(食品メーカー、他店、異業種) ・ご当地ラーメン ・社内コンペ、各種イベント	・色テーマ ・通年食材(ブランド肉・魚、高級珍味など) ・スナック菓子、スイーツ ・各国料理(イタリアン、中華、アジアほか)

アイコトマトの冷やし麺

フレッシュなトマトのうまみ、甘さをストレートに表現

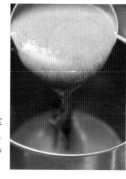

スムージーのような食感に仕上げたスープ。5℃まで冷やし、さわやかな後口が特徴だ。

トマトの鮮烈な赤が映える温度、食感を意識した限定

　信頼をおく竹之内農園(67ページ)がつくったアイコトマトありきの限定ラーメンだ。糖度10を超えるアイコトマトは甘みがとことん濃厚ながら、酸味は少なめの。旬の短い逸品のもち味を最大限に出すため、スムージー用のミキサーで冷製スープに仕立て、具材としてもふんだんにのせる。ラーメンらしからぬ鮮やかなビジュアルもあり、ソラノイロの限定ラーメンを象徴する一杯だ。

材料

スープ	
アイコトマト	150g
水	100g
酢	10ml
砂糖	11〜12g
塩だれ	15ml
麺	150〜180g
アイコトマト	10個
押し麦	20g
バジルペースト	適量
E.V.オリーブ油	10ml

1

スムージー用のミキサーは
あらかじめ冷やしておく。
ここにスープ用のトマトを
入れる。

2

続いて水、塩だれ、酢、砂
糖を加える。

3

材料をすべて入れたらミキ
サーのふたをしてスイッチ
を入れ、ミキシングする。

4

トマトの状態を適宜見なが
ら、完全になめらかになる
までミキサーにかける。

5 POINT

網で漉し、皮や種を取り除
く。容器ごと氷水に当てる
か、チラーなどに入れて
5℃まで冷やす。

6

麺をゆで、冷水にとってよ
く冷やす。水けを切り、器
に入れてスープを流す。
スープと麺をなじませる。

7

カットしたトッピングのト
マトとバジルペーストで和
えた押し麦を盛りつけ、オ
リーブ油をまわしかけて完
成。

POINT

1 一般的なミキサーに比べてスムージー用のブレン
ダーは種や皮まで粉砕するため、できあがった
ソースはなめらかな口あたりになる。

5 5℃以上だとぬるく感じられるので、温度管理は
厳密に。ソースは提供直前まで氷水などに当てて
冷やす。ミキサーから材料のトマト、提供用の器
もできれば冷やしておきたい。

第1弾の限定ラーメンが登場したのは、創業からわずか5日後のこと。以来、この限定ラーメンを店の柱とすべく、開発したメニューは10年で200種以上。その一部を紹介しよう。

グリーンベジ冷麺

最初に創ったのは「色」を追求した限定ラーメン。スープには青汁を用いており、アイスプラントやズッキーニのマリネなど、ラーメンにはなじみのない具材を選定した。

2011

「辛ラーメン」がモチーフのピリ辛な一杯！

韓流辛麺

「赤」をテーマにした韓国風のラーメン。「辛ラーメン」にインスパイアされたピリ辛味で、麺には唐辛子を練り込み、牛スジスープの底には辛味噌をしのばせている。

ムール貝のベジつけソバ

ラーメンイベント「大つけ麺博 2011」で提供したメニューを店舗用にアレンジ。パプリカを練り込んだ麺を、ムール貝とニンジンベースのつけ汁に合わせた。

シロイソラノ麺

テーマカラーは「白」。麺には
ミルクパウダーを練り込み、
ホタテ・干しエビのベースを
豆乳・白味噌で仕上げた味噌
ラーメン。おこげせんべいを
添えて鍋風に仕立てている。

春茶麺

「茶」がテーマの塩ラーメ
ン。スープはカツオ節と昆
布に、ほうじ茶粉末を加え
て香りを演出。ほうじ茶を
練り込んだ麺は、茶そばの
ような味わい。

2012

五輪麺

ロンドンオリンピックにちな
み、5色の麺を盛り合わせた
ざる中華。若手店主が集まっ
たチーム「(仮)日本のラーメ
ンを変える若手っぽい会」の
企画として提供した。

紅梅のソラ冷麺

8月の限定として登場した、
初の冷やしラーメン。和だし
でとったシンプルなスープを
梅酢でさっぱりと味つけ。味
変アイテムは塩レモン。

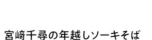

魚雷ノイロ

『魚雷』(東京・春日)とのコラ
ボメニュー。スープに魚雷の
「2年熟成本枯鰹節」を使い、
山賊揚げやカツオ節のジュレ
などを別皿で添える。

ソーキそばは
年末年始の定番!

黄金色コーンとろみ
ソラちゃんぽん

北九州ルーツのちゃんぽんと、中
国料理のコーンスープをヒントに
創作。スープは片栗粉でとろみを
つけ、ズワイガニなどを贅沢に
トッピング。

宮﨑千尋の年越しソーキそば

「沖縄への敬愛の気持ち」を年越し
そばで表現。豚、鶏ガラ、カツオ
節でだしをとり、軟骨ソーキやか
まぼこなど、沖縄そばらしい具材
を楽しくトッピングしている。

2013

麺in煮干しBLACK

麺・スープ・具材とも漆黒をイメージしたラーメン。高級食材の焼干しをふんだんに使ったスープに、炭を練り込んだ麺を合わせた。たれ、味付け玉子はたまり醤油で仕上げている。

ベジもつ味噌麺

『自然派ラーメン 花の季』とのコラボで創作。花の季の自家製味噌を活用し、具材はソラノイロらしく根菜がたっぷり。熊本の郷土食、馬汁をモチーフに完成させた。

アボガドと豆腐の春ベジつけソバ

携帯サイト「超らーめんナビ」のオファーで実現したつけ麺。アボカドと豆腐の風味にトリュフオイル、わさびを効かせたたれが渾然一体に。

スパイシーな麺と得意のベジスープがマッチ!

トマトベジソバ

プロデュースしたラーメン店『Stripe Npodles』(沖縄県)のオープン記念に創作。トマトスープを前面に出し、アメリカンを意識したベジソバに挑戦した。

ソラのジャガポタ

カレー店『世田谷クミン』とのコラボ。カレーを練り込んだ麺をベジスープに合わせ、ジャガイモとゴボウ、玉ネギをグラッセしてピュレに仕上げた。

ソラのうちなーぬ緑ぬ冷麺

沖縄の食材を大胆に使った冷やし麺。あおさを練り込んだ麺に海ぶどう、もずく、あおさなどをトッピング。

ソラの小麦ヌーボー2013夏

『花の季』が収穫した新小麦を使った競作ラーメン。小麦の風味を生かすべく、麺そのものを味わうシンプルな仕立て。

秋のサンマと秋のソラ

サンマを丸ごと一尾揚げてトッピング。当時流行していた乾麺を用いつつ、サンマ干し＋昆布のスープ、サンマの香味油で仕上げた、サンマづくしの一杯。

スープは「凪」で麺はソラノイロ！

ソラのヤサ麺〜坦々仕立て〜

野菜ソムリエ協会とのコラボ。麺に見立て、ピーラーで切った野菜をピリ辛坦々仕立てのつけ汁に合わせた。白舞茸はチャーシューの代わり。

ソラと凪の
トンコツROSSO

盟友『ラーメン凪』とコラボ。凪の「ド豚骨スープ」を野菜でアレンジし、トッピングのチーズとともに三色旗のカラーでイタリアンを表現した。

ソラの新東京
背脂 ブラック

豚背脂のうまみを全開にしたスープに、うまみたっぷりのチャーシュー煮汁と醤油のたれで濃厚に仕上げた。麺は背脂によくからむ細ちぢれ麺。

2014

天草大王の塩中華ソバ

正月の限定メニューとして、熊本の地鶏・天草大王のうまみを凝縮した塩ラーメン。香味油にも天草大王の鶏油を用い、チャーシューも鶏ムネ、モモの2種をのせた。

天草大王の塩中華ソバ

ソラノイロ×姫こっこ倶楽部＠熊本県天草市

毎年恒例のお正月限定で実施した熊本の稀少な地鶏「天草大王」を使った塩ラーメンです。

タレはムール貝の塩ダレ、スープは天草大王の塩100%、油は天草大王の鶏油、トッピングは、鶏胸肉と鶏もも肉のチャーシュー1枚ずつ、味玉、ほうれん草、白髪葱、カイワレ、メンマ、柚子を。凝縮した鶏の旨みをご堪能ください。

今年もソラノイロをどうぞよろしくお願いいたします。

平日 昼15食 夜15食
土 15食

← 900円「ゲリラ限定」ボタンでお買い求め下さい。

ソラのオイスターチャウダー

札幌のラーメン店『MEN-EIJI HIRAGISHI BASE』、東京のパン教室『sonocco』とコラボ。かん水、水を使わない無添加麺で提供。

ソラのとろとろワカメラーメン 緑茶仕立て

長芋、アーモンドといった美容効果の高い食材に、チャーシュー代わりの白身魚を採用。アンチエイジングをテーマに仕上げたワカメラーメン。

冷やし塩煮干し

大量の昆布と上質な煮干しを低温でじっくりと抽出し、えぐみやくさみは一切なし。クリアでクールなスープを完成させた。この年以来、夏の定番として提供されている。

夏の限定!!
冷やし塩煮干し

890yen

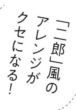

「二郎」風のアレンジがクセになる!

まかない肉ソバ

2号店『salt & mushroom』の人気メニューをアレンジして開発。「ラーメン二郎」テイストで背脂とチャーシュー、野菜を大胆にトッピングし、ガッツリ感のある仕上がりに。

フィッシュカツの
すだち尽くしの冷製麺

すだちの生産量日本一の徳島県神山町
とコラボ。カツオ節でとったスープに
神山名物のフィッシュカツをのせた。

すだちまみれの
ネバネバ冷やし麺

麺にはすだちを練り込み、
トッピングは輪切りのすだ
ち、オクラとモロヘイヤの
だし。口中に広がる清涼感
がたまらない一杯。

ソラノベジ
プレミアム豆乳ラーメン

不二製油のプレミアム豆乳を
使ったコラボ麺。色とりどり
の野菜、辛味噌がまろやかな
豆乳スープに映える。麺は山
椒の粒を練り込んで刺激的。

完飲しちゃっても
罪悪感のないスープ

Soraのビーン&
シリアルヌードル

麺とスープにはアズキをたっ
ぷり使い、統一感をもたせて
いる。トッピングは雑穀で、
玄米ご飯でリゾット風に締め
られる、ヘルシーな一杯。

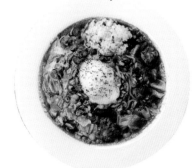

イロイロ彩り冷し中華

名店『中華うずまき』(赤坂)に製法
を教わった冷やし麺。甘酢とごま
だれをベースにソーキ、シーク
ワーサーで沖縄テイストを感じさ
せる仕上がりに。

梅のすっぱそらムーチョ

湖池屋のスナック菓子「すっぱ
ムーチョ」をトッピングしたコ
ラボ麺。大粒の梅干しとハチミ
ツをスープに合わせ、甘酸っぱ
い冷やしスープを完成させた。

参鶏湯ソバ
(第一回 スタッフコンペ 優勝作品)

サムゲタンをヒントに開発。コ
ラーゲンたっぷりの鶏手羽と
ショウガ、ニンニク、ナツメで
炊き上げたスープで滋養強壮へ
の効果をアピールした。

沖縄ビーフ和えソバ

「沖縄国際映画祭2015」で提供した、しずる村上純氏とのコラボメニュー。スープオフのあえそばで、ビーフステーキのトッピングを牛脂の甘み、コクでまとめ上げた。

2015

ハルノイロ

桜の花の塩漬けを練り込んだ麺に、フュメ・ド・ポワソン（白身魚のだし）でとったスープ。クリームにはレモンを効かせたさわやかな一杯。

春薫るソラのワカメーん

十三浜（宮城県石巻市）産の生ワカメを軸にした震災復興を願う限定ラーメン。スープはカツオ節、サバ節の厚削りを加えて奥行きを出している。

こだわりの
尾崎牛を
贅沢に
トッピング

尾崎牛尽くしの潮ラーメン

通販サイト「宅麺.com」とのコラボラーメン。宮崎県のブランド牛「尾崎牛」をローストビーフ、スジ肉煮、バラ煮込みで徹底的に活用した。

アジアンビーガン
ジェネレーション

ベースは昆布、シイタケ、香味野菜からとったスープ。ココナッツミルク、スパイスを加えてカレースープに仕上げ、宮内舎の玄米麺（66ページ）と合わせた。

おソバ屋さんのかれーぬーどる
（社内コンペ 第2回 優勝作品）

魚介だしを効かせ、豆乳をブレンドしたマイルドなカレースープ。スパイスを練り込んだ麺が絶妙に合う。現『中華ソバ ちゃるめ』店主の作品。

ペペロンチーノ風まぜソバ
〜すだちのムースを添えて〜

パスタのペペロンチーノをまぜそばにアレンジ。すだちのムースを混ぜ、果汁を絞ると清涼感が増す工夫も。

すだちの
ヴィーガンスパークリング冷麺

左記のまぜソバと同じく、徳島県神山町との企画「東京すだち遍路」で誕生。炭酸水でシュワシュワしたスープはヴィーガン仕様で提供し、グリーン野菜もたっぷりとトッピング。

麩のクルトン、大豆ミートの唐揚げなど具材も植物由来

ビーガンキノコノベジソバ

2015年はヴィーガン仕様の限定ラーメンを意欲的に開発した。本作はキノコベジソバから動物由来の食材をカットしつつ、満足感のあるラーメンに仕上げている。

スタッフ榎本の和んたんめん

アゴ煮干し、干しシイタケでとったスープはあっさり淡麗で香り高い仕上がりだ。トッピングは2種のキノコワンタン。

ソラのホワイトスパイス麺

麺にはホワイトペッパーを練り込み、スパイシーでしっかりした歯ごたえに。大豆がベースの味噌スープにキノコ、豆腐をトッピングし、芯から温まる一杯が完成した。

**スタッフ中村の
チリコンラーメン**

アメリカ料理のチリコンカンを味噌ラーメンにまとめ上げた。スパイスが次第に溶け、スープの味わいが変化していく。

ブラックブラック men

麺、スープにチョコレートを活用したバレンタインデー限定ラーメン。カカオマス、カラメルで黒みをつけた特製のカレースープに白いホイップをのせた。

2016

ビーガントマトクリームつけ麺

フレッシュトマトとホールトマトに豆乳などを合わせ、ヴィーガン仕様のつけ汁に。具材は豆腐コロッケやトマト、玉ネギのマリネだ。

スーパーフードのチアシードをトッピング！

三陸わかめの牛白湯ラーメン

使用してから5年めになる三陸産生ワカメを牛白湯スープにトッピング。韓国海苔、韓国産唐辛子で丼全体をまとめ上げた。

キノコノベジソバ

旧2号店のキノコベジソバを復活させ、ゲーム「なめこ栽培キット」とコラボしたなめこバージョンとして新開発。

**チョップドサラダのビーガン
冷やし中華〜和風仕立て〜**

白菜、きゅうり、トマト、紅芯ダイコンを小さくカットし、味噌ごまだれと和えた和風仕立て。ソイミートの唐揚げは南蛮漬けにして変化を出している。

冷たい煮干しの塩ラーメン

名産地として知られる伊吹島の煮干しを使用。低温でうまみをじっくり抽出し、冷製塩ラーメンとして完成させた。最後まで飲み干せるクリアなスープが評判。

「無農薬有機栽培」島根県産ナスのビーガンつけ麺

無農薬有機栽培ナスを中心に据えたヴィーガンメニュー。ナスはココナッツオイルで、カボチャとズッキーニはオリーブオイルでソテー。

天塩町×ソラノイロ ソラの天塩しじみ たっぷりちゃんぽん

全国有数の大きさを誇る北海道・天塩川産のシジミからだしをとり、具材にも使用。炊き込みご飯もセットにして、シジミづくしのメニューに仕上げた。

アピールしたのは
すだちのさわやかさ

ソラの冷やしキツネ蕎麦 すだちのジュレと共に

徳島県神山町とのコラボ「東京すだち遍路」の2016年版。生すだち、すだちジュレでさわやかに仕上げている。

神山すだちの冷かけ

すだちの薄切りをふんだんに散らし、行く夏を惜しみ、初秋を感じさせる9月の限定。皮ごとかじれるフレッシュなすだち。麺とともにさわやかに食べられる。

北海道の実麺 〜佐野実の食材をたどる旅〜

業界に多大な功績を残した『支那そばや』佐野実氏へのリスペクトを込め、道産食材を徹底起用した一杯。

北海道ネギ味噌ラーメン

北海道の軟白ネギをどっさりのせた味噌ラーメン。最初はマイルドな味わいで、混ぜると次第に味噌がスープに溶け出し、インパクトある味わいに変貌していく。

「寒明け」の煮干し中華そば

2日間かけ、数種類の煮干しから
とったビターなスープに、モチモチ
の太麺を合わせた煮干しラーメン。
トッピングはカブ、ダイコンなど。

2017

大庵の肉ソバ

開発した店長の名を冠し
た一品。ヘビーな豚骨
スープを豚背脂で乳化さ
せたガッツリ仕様で、分
厚くカットしたバラチャー
シュー、大量の野菜を
トッピングした。

トッピングは
冬の淡雪を
イメージ！

リアルなソラのわかめラーメン

某カップ麺をオマージュし、石巻
産の生ワカメで再現。ジャンクな
コンセプトと旬を迎えたワカメが
融合し、ソラノイロらしい一杯が
完成した。

彩りマリネの煮干し和えソバ

東京駅店の朝ラーメンで提供して
いた「煮干し中華」をベースに創作
したあえそば。具材には野菜のマ
リネを合わせており、さっぱりと
完食できる完成度に仕上がった。

北海道遠別町~竹之内さんの~
アイコトマト冷麺

北海道・竹之内農園のトマト(68ペー
ジ)を200g以上も使った冷麺。タマ
ネギドレッシング、トマトキムチと
のアレンジも提案した。

彩り冷やし中華

2014年に開発した「イロイロ
彩り冷し中華」をアップデー
トし、ソラノイロ色をより強
めた夏の限定。甘酢とごまだ
れでバランスよく仕上げ、
カット野菜も存在感抜群。

「嶽きみ」の冷やし麺

ナチュラルなうまみ、甘みが凝縮。糖度18度と群を抜く甘みをもつトウモロコシ「嶽きみ」で創った冷やし麺だ。

桃×アイコトマトのコラボ冷麺

水ナス、アイコトマト、モモをソースであえてトッピング。スープは天草大王の重厚なだしでとりつつ、トマトを加えて清涼感を出した。

すだち香る冷やし冷麺

和風のだしにすだちを合わせ、すっきりさわやかな冷製スープに。レンコン、ビーツ、ラディッシュ、カブ、冬瓜、福神漬など多彩なトッピングで食感、香りも豊かな一杯に。

北海道ネギ味噌ラーメン meets沖縄式角煮

2016年冬に好評を得た「北海道ネギ味噌ラーメン」をブラッシュアップして提供。沖縄式の豚角煮をのせ、ボリュームたっぷりの味噌ラーメンが完成。

かぼちゃのビーガンベジソバ

粘度の高いカボチャスープをベースに、麺にもカボチャを練り込み、トッピングはカボチャコロッケ。パンプキンづくしに仕上げたラーメンだ。

サンマのとろみ山椒麺

サンマを1尾贅沢に使い、水菜、オクラ、大葉、春菊、キノコの生姜炒めとトッピング。味変のレモンでさわやかに締める。

麺とスープ
具材のすべてが
カボチャ！

秋のカボチャつけ麺

名古屋店の限定第4弾として登場。カボチャベジソバをつけ麺にアレンジし、カボチャづくしながら一気にすすれる完成度を誇る。

2018

EDO 雑煮麺

「第4回 WORLD RAMEN GRAND PRIX」で2位を獲得したメニューを正月の限定麺に起用。日本の行事食として欠かせない「雑煮」とラーメンを融合させた。

沖縄もとぶ牛の牛スジ味噌ラーメン

沖縄の希少な「もとぶ牛」がメイン具材。スジ肉をとろとろになるまで煮込み、味噌ラーメンにトッピングしている。

岡山産ニューピオーネの冷麺

ブドウを13粒も使用したフルーツラーメン。ピクルス、天ぷら、白玉など多様な調理法でピオーネの魅力を引き出した。

愛知産　旬野菜とあさりの塩バタ麺 ~春野菜の炊き込みご飯付~

愛知産の菜の花、タケノコはほろ苦い旬の味覚。塩バタースープはシンプルに仕込み、アサリのうまみを引き立てている。春野菜の炊き込みご飯とセットで提供した。

米粉の麺は
ユニークな
食感です

はまぐりとハーブの三陸ワカメ潮ラーメン

毎年恒例になった三陸ワカメの限定ラーメン。天草大王とハマグリのスープはハーブの香りを引き立てるべく、塩味で整えている。

トマトとスイカの
スムージーつけ麺

『五福星』(仙台)の早坂店主の
スムージー技法を使ったつけ
麺。アイコトマトとスイカを
使い、キンキンに冷やしたス
ムージーで提供した。

海老薫る
もち豚ミンチと豆乳彩麺

7周年記念イベントで提供。
『鮨なが井』永井店主のラーメ
ンレシピを基にエビ味噌・エ
ビ油と味噌・豆乳・和だしをマ
リアージュさせた。

米粉を加えた
日仏コラボ
麺が実現！

冷やし肉ソバ

好評の限定を夏バー
ジョンにアレンジした
冷製肉ソバ。ワサビの
オイルを添え、刺激的
な味変を用意した。

日仏コラボ米粉ヌードル

日仏交流160周年の記念メ
ニュー。フランス産と日本産
の小麦粉をブレンドし、米粉
も加えた麺を採用。トッピン
グはベジソバをアレンジ。

福井県永平寺産
ピクニックコーンの冷やし麺

糖度が18度に達する極甘のト
ウモロコシを使った冷やし麺。
素材の水分が多いため冷製スー
プとも相性がよく、夏の限定に
新たな境地を拓いた。

島根県雲南市
プレミアム人参の冷たいベジソバ

島根県雲南市の契約農園「ソラノイロ
農園」のニンジンを使用。無農薬・有機
肥育ならではの力強い香りを生かし、
冷製のベジソバに仕上げた。

2019

キューサイの マズくない青汁冷麺

青汁メーカー、キューサイとのコラボで、スープと麺に青汁を採用。具材もグリーン系の野菜、キウイでまとめ、ビジュアルも統一感をもたせている。

6.20〜7.10
昼10食、夜10食
1,200円

キューサイ × SORANOIRO

キューサイのマズくない 青汁冷麺

2019年の冷やし第二弾は、あのキューサイとコラボで青汁の冷麺を作っちゃいました。麺とスープに青汁を使用し、グリーン系の野菜でまとめ上げました。マズくない、むしろ美味しい冷麺をお楽しみください。

> パインとトマトの酸味が鮮烈！

ハーブの グリーンSioラーメン

鶏ベースのスープにミントオイルを浮かべ、クリアな味わいの塩ラーメンに。数種のハーブで香りを立たせている。

国産牛モツ味噌ラーメン

天草大王の深みあるスープに味噌だれを合わせ、大きめにカットした国産牛のモツ、サトイモ餅、トマトマリネなどをのせた意欲的なラーメン。

国産牛 モツ味噌ラーメン

1,080円

めでたい贅沢 ローストビーフの牛ラーメン

ソラノイロNIPPONが出店する「東京駅ラーメンストリート」10周年の記念ラーメン。牛・豚・鶏の3種チャーシューが圧巻だ。

三陸わかめと ソラノイエ

ランチ15食 ディナー10食 880円（税込970円）

毎日三陸産わかめで 豚骨醤油の家系ラーメンをソラノイロ風に作りました！

三陸わかめとソラノイエ

毎年取り上げている三陸ワカメを主要具材に創った豚骨醤油の家系ラーメン。豚骨が力強く、醤油の香りも効いている。スタッフ大戸作。

鮭の白味噌ラーメン

スープは鮭の中骨と昆布のみでとったアニマルオフ。さつま揚げ、カリカリ焼きなど具材も鮭のオンパレード。もみじおろしで辛さを加えている。

1日10食
1,100円

鮭 の 白 味 噌 ラ ー メ ン

スープには
鮭の中骨と昆布だけでとった魚介スープに白味噌を合わせたスープです。
トッピングには
鮭の身を練り込んださつま揚げ鮭にパン粉を付けたカリカリ焼きもみじおろしの辛さで味の変化をお楽しみ下さい。

peach on the noodles

モモは100%ジュースと果肉を使用。コンポート、ぬか漬けにしてモモの食感、香りを多彩なかたちで表現。レモンオイルでさわやかにまとめた。

"音を食べる"冷やし中華

アイスジャーナリスト・シズリーナ氏とのコラボ企画。耳栓をして、咀嚼音を楽しみながら食べるユニークな提供スタイルが話題を呼んだ。

アイコトマトの黒ごま担々麺

北海道・竹之内農園のアイコトマトの豊かなうまみを生かす、ニュー担々麺。酸味と甘みの対比で食べ手の食欲を増進。

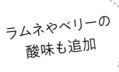

ラムネやベリーの
酸味も追加

チョコミントラーメン

チョコミント界の王子、牛窪真太氏の協力で完成。チョコを練り込んだ麺に牛乳、ミント、塩だれのスープを合わせて完成度を高めている。

東京カレー中華そば

煮干しベースのスープに自家製カレーを合わせ、和風にまとめたカレーラーメン。吊るし焼きチャーシューを角切りにしてトッピングしている。

スタッフ松本の
炙りチーズのグラタン麺

熱々のグラタン仕立てが冬に似合う。ホワイトソースにあぶりチーズ、ベーコン、トマトマリネも存在感を発揮。

宮﨑千尋の
年越しソーキそば2019

年末年始に好評のソーキそば。トロトロのソーキの完成度を高め、ジューシー、サーターアンダギーもセットに。

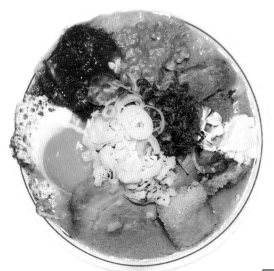

旨辛！ふわ玉スタミナラーメンwith三陸わかめ

豚、鶏でとったスープを旨辛に仕上げ、ニンニクでまとめたスタミナラーメン。プリプリの三陸ワカメ、ふわふわ溶き卵の食感が楽しい一杯。

ソラノイロ食堂正月限定ラーメン

『俺の生きる道 白山』の麺を使用した正月ならではのコラボ。ガッツリ系のトッピングを8種類も用意し、お好みでオーダーしてラーメンを楽しんでもらう仕組み。

2020

ネギ馬鹿 味噌ラーメン

うず高く盛った国産青ネギがインパクト抜群。ベースの豚・鶏スープにブレンド味噌だれを合わせ、滋味深くまとめた。味変の辛み玉も用意。

味変は
オレンジの
チョコチップ！

三陸ワカメの辛ラーメン

辛み、酸味のあるスープに合わせるのは独特な食感の無かん水麺。肉厚な三陸ワカメはゴマ油であえ、豆腐、ハクサイ、ニラなどと合わせた。

カカオ薫る白いチョコレート麺

麺にはカカオパウダーを練り込み、カカオバターを香味オイルに使用。カカオの魅力をラーメンで再現している。インフルエンサー・チョコレートくんとのコラボで企画した。

山形の佐藤錦とナポレオンの
さくらんぼ冷やし麺

ブランドサクランボの甘み、酸味を生かすべく、炭酸を効かせた冷製スープに。トッピングは米沢牛のローストビーフとドライクランベリー。

極細の麺が
さくらんぼに
マッチ！

鈴木農園の3種のなめこそば

福島県郡山市・鈴木農園との出会いから生まれた限定麺。大ぶりの野趣あふれるナメコをピクルス、天ぷらなどに調理した。

ブランドスイカの冷やし麺

高知からルナピエナ、鳥取から大栄西瓜というブランドスイカを取り寄せ、冷やし麺に。スープにはスイカ果肉を100％使用し、全粒粉麺、チーズクリームと合わせた。

冷やしいけぶく郎

ガッツリ系のコンセプトでボリュームたっぷりに仕上げた冷やし麺。タンドリーチキンに野菜を山盛りトッピングし、ニンニク、ガリマヨをのせたジャンクな味わい。

熊本県天草の
復興支援の桃の限定麺

これまで何度も手がけ、完成度を高めてきたモモの限定麺。みずみずしい食感を満喫できるよう、ももの品種ごとにカットを変えて提供した。

限定ラーメン全リスト

※太字は毎年恒例、または定番化したメニュー

2011	グリーンベジ冷麺／韓流辛麺／ムール貝のベジつけソバ
2012	シロイソラノ麺／今日の店主の賄い飯 ワンタン麺／春茶麺／《復活》ムール貝のベジつけソバ／五輪麺／紅梅のソラ冷麺／ソラと龍の淡麗塩中華ソバ／黄金色コーンとろみソラちゃんぽん／キノコのソラボナーラ／魚雷ノイロ／赤旨SOYトマトソバ／**宮崎千尋の年越しソーキそば**
2013	麺in煮干しBLACK／ベジもつ味噌麺／アボガドと豆腐の春ベジつけソバ／ソラのジャガポタ／トマトベジソバ／ソラのうちなーぬ緑ぬ冷麺／ソラの小麦ヌーボー2013夏／ソラのヤサ麺～担々仕立て～／秋のサンマと秋のソラ／ソラと凪のトンコツROSSO／**ゆしどうふと生もずくのソーキそば**／ソラの新東京 背脂 ブラック
2014	**天草大王の塩中華ソバ**／ソラのオイスターチャウダー／ソラのとろとろ ワカメラーメン 緑茶仕立て／名残櫻の春彩麺／まかない肉ソバ／冷やし塩煮干し／かき氷／梅のすっぱ『ソラ』ムーチョ／**イロイロ彩り冷し中華**／フィッシュカツのすだち尽くしの冷製麺／**すだちまみれのネバネバ冷やし麺**／ソラのハロウィン黄彩麺／ソラノベジ プレミアム豆乳ラーメン／キノコの和えソバ／Soraのビーン&シリアルヌードル／参鶏湯ソバ（第一回 スタッフコンペ 優勝作品）／**年越しソーキソバ**
2015	**正月ラーメン 天草大王の醤油ソバ／同 天草大王の塩ソバ／同 天草大王の鶏白湯／同 天草大王の鶏白湯つけソバ**／ソラのホワイトチョコ バレンタイン味噌ソバ／ハルノイロ／沖縄ビーフ和えソバ／春薫るソラのワカメーん／尾崎牛尽くしの潮ラーメン／アジアンビーガン ジェネレーション／おソバ屋さんのかれーぬーどる（社内コンペ 第2回 優勝作品）／バンバンジー和え麺／ビーガンキノコノつけそば／ソラのざるムーチョ／ソラのイカした煮干しのざる中華／**ペペロンチーノ風まぜソバ ～すだちのムースを添えて～**／すだちのヴィーガンスパークリング冷麺／鯛潮煮干しラーメン／旬のサンマと秋のソラ／ビーガンキノコノベジソバ／スタッフ榎本の和んたんめん／ソラのホワイトスパイス麺／**2015年度 年越しソーキそば**
2016	スタッフ中村のチリコンラーメン／ブラックブラックmen／ビーガントマトクリームつけ麺／**三陸わかめの牛白湯ラーメン**／スタッフ高野のトリプルチャーシューmiso／スタッフ辻の「春の訪れ」サクラのエビ塩拉麺／華麗なるカレーまぜSOBA／キノコノベジソバ／**冷たい煮干しの塩ラーメン**／チョップドサラダのビーガン冷やし中華～和風仕立て～／スタッフ榎本のアジアン冷やし中華／「無農薬有機栽培」島根県産ナスのビーガンつけ麺／天塩町×ソラノイロ ソラの天塩しじみたっぷりちゃんぽん／**冷やし中華**／**ソラの冷やしキツネ蕎麦 すだちのジュレと共に**／**神山すだちの冷かけ**／すだちの冷製オリエンタルヌードル／**神山すだちの温かけ**／ソラのキノコベジ白湯麺／北海道の実麺 ～佐ရ実の食材をたどる旅～／**北海道ネギ味噌ラーメン**
2017	「寒明け」の煮干し中華そば／大庵の肉ソバ／くずし豆腐と桜海老のわかめ潮そば／リアルなソラのわかめラーメン／春野菜の彩り和えそば／パルミジャーノとマッシュルームの和えソバ／彩りマリネの煮干し和えソバ／スタッフ小泉の夏を乗り切れ! 梅と甘夏みかんの冷やしそば／**北海道遠別町～竹之内さんの～アイコトマト冷麺**／彩り冷やし中華／冷たい煮干しの塩ラーメン／リアルベジ涼風麺／**桃×アイコトマトのコラボ冷麺**／神山すだちと色々柑橘のヨーグルト冷麺／「嶽きみ」の冷やし麺／すだち香る冷やし冷麺／**神山すだちの冷かけ**／**神山すだちの温かけ**／秋のかぼちゃつけ麺／秋のカボチャベジソバ／かぼちゃのビーガンベジソバ／サンマのとろみ山椒麺／秋のカボチャつけ麺（名古屋）／玉ねぎのベジソバ ～オニオングラタンスープ仕立て～／北海道ネギ味噌ラーメンmeets沖縄式角煮
2018	**EDO雑煮麺**／沖縄もとぶ牛の牛スジ味噌ラーメン／北海道ネギ味噌ラーメン ～沖縄式角煮～／**彩り冷やし中華**／はまぐりとハーブの三陸ワカメ潮ラーメン／愛知産 旬野菜とあさりの塩バタ麺 ～春野菜の炊き込みご飯付～／海老薫る もち豚ミンチと豆乳彩麺／岡山産ニューピオーネの冷製つけ麺／三陸わかめの酢ラーメン／冷やし肉ソバ／マタドール×ソラノイロのコラボ麺『マタ郎』／**冷たい煮干しの塩ラーメン**／トマトとスイカのスムージーつけ麺／沖縄タコライスまぜそば／島根県雲南市 プレミアム人参の冷たいベジソバ／**福井県永平寺産 ピクニックコーンの冷やし麺**／アイコトマトのガスパチョ冷麺／**タイ風ピリ辛! すだちの冷やしまぜそば**／**神山すだちの酸辣湯麺**／豆乳仕立ての桃の冷麺／伊吹いりこの冷製塩ジュレ麺／嶽きみのつけ麺／栗と芋の濃厚つけ麺／日仏コラボ米粉ヌードル
2019	夏野菜とフルーツの塩冷麺／伊吹産鯵煮干し冷麺／キューサイのマズくない青汁冷麺／灰泥煮干しラーメン／冷やし柚子塩煮干し麺／国産牛モツ味噌ラーメン／ハーブのグリーンSioラーメン／三陸わかめとソラノイエ／彩り冷やし中華／冷やし肉ソバ／**冷たい煮干しの塩ラーメン**／**冷やし中華**／豆乳冷やし担々麺～自家製ラー油と共に～／めでたい贅沢ローストビーフの牛ラーメン／山形こめやかたの元気さくらんぼ冷やし麺／peach on the noodles／岡山産ニューピオーネとマスカットスパークリング冷麺2019／冷やしスパイス担々麺／きみひめの冷やし麺／豆乳冷やし担々麺／アイコトマトの黒ごま担々麺／**北海道遠別町竹之内さんのアイコトマトの冷麺**／音を食べる冷やし中華／チョコミントラーメン／背脂煮干し麻婆麺／味噌バターコーンラーメン／鮭の白味噌ラーメン／東京カレー中華そば／**神山すだちの酸辣湯麺**／スタッフ松本の炙りチーズのグラタン麺／レッドムーンと三種のチーズのポタージュ麺／スパイス担々麺／**宮崎千尋の年越しソーキそば2019**
2020	三陸生わかめの津軽煮干しラーメン／旨辛!ふわ玉スタミナラーメンwith三陸わかめ／**御雑煮ラーメン博多あご出汁風**／**ソラノイロ食堂正月限定ラーメン**／ネギ馬鹿 味噌ラーメン／カカオ薫る白いチョコレート麺／スタッフ斉藤の ふわとろ牛たんヌードル／スタッフ大庵の鯛とハマグリの背脂塩ラーメン 鯛めし付き／背脂辛味噌ラーメン／スタッフ松本の炙りチーズのグラタン麺／スタッフトウエンの炙り和牛塩ラーメン／ネギバカ盛り味噌ラーメン／冷やし煮干し／冷やし担々麺／三陸ワカメの辛ラーメン／炙り和牛塩ラーメン／ソラノイロ牛二郎／冷やし麻婆麺with背脂／山形の佐藤錦とナポレオンのさくらんぼ冷やし麺／**冷やし中華**／島根県産希少ぶどうの神紅とピオーネの冷やし麺／鈴木農園の3種のなめこそば／**北海道天塩町竹之内農園のアイコトマトの冷やし麺**／仙台 五福星にご紹介いただいた奇跡の梅干しの冷かけ／山梨県かわかみ農園 盛りの桃つけ麺／**青森県嶽きみの限定麺**／ブランドスイカの冷やし麺／いきなり牛チ日ツ／熊本県天草の復興支援の桃の限定麺／山梨県一宮の走りの桃の限定麺／山梨県かわかみ農園盛りの桃つけ麺／味噌バターコーンラーメン／冷やしいけぶく郎／**お雑煮ラーメン**／ふわとろ牛タンヌードル／冷やしカレー煮干しラーメン

宮崎千尋と考える
これからの
ラーメン店主の仕事

ここでは、ブログやSNSを通じて発信してきた「仕事観」「ラーメン論」「自分の店への思い」や、開業希望者やフリークからの質問や相談に答えた内容をまとめて採録する。

Q ラーメン職人に求められる「力」って何ですか？

A ラーメンをつくる技術力、メニューを考える発想力など、職人それぞれだと思いますが、僕は「観察力」、そしてその力を発揮させる「問題意識」「好奇心」だと考えています。インスパイアメニューの開発にあたって、僕は『ラーメン二郎』を集中的に食べまくりました。そこで「なぜスープがこんな色なのか？」といった疑問が出てきたんです。そこでひたすら「観察」ですよ。カウンターから厨房を注視して、作り手の一挙手一投足に目を凝らす。すると、「このタイミングで背脂を入れるのか！」「チャーシューの端を切ってスープに入れるのも、色に影響しているのかも」など、無数の発見がありました。発見から仮説を組み立て、再度実食して、別の気づきがないか、また観察していく。このくり返しから、商品に生かすヒントが見つかります。だけど、一連の観察も開発するラーメンに生かそうとする問題意識があったからだし、「なぜこんな色？」と思った好奇心が起点になった。ディテールを見るだけが観察力じゃない。根っこに問題意識がなければ、どれほど細かく見ても意味はありません。

Q 他店を実食する際にチェックすることは？

A オーダーしてから食べるまで「作り手」として臨みます。自分の業種とはまったく違う喫茶店でもそう。「おいしい淹れ方」「お客さまが喜ぶサーブとは」と考えるだけで、作り手としてのシミュレーションになります。ラーメン店でもそう。仕上げの瞬間を見ていますか？ ラーメンは、まず丼にたれを入れ、次に油。スープはその後に入れるのが一般的ですが、油の後にたれを入れる店もあるし、油→たれ→油→スープという店も、たれにスープを入れ、締めに油という店もある。ちなみに、一般的な「たれ→油→スープ」は比較的アツアツのスープになりますが、「たれ→スープ→油」の順だと、スープの温度はそこまで上がりません。それってなぜ？ 上の質問にも関連してきますが、その疑問をもって厨房に入って、仮説・検証・確認のループをくり返すのも面白いでしょう。消費者やファンとして食べるのは楽しいですし、食の醍醐味に浸ることができます。だけど、そこから作り手として進歩することはない。「これって、どうやってつくっているんだろう？」「同じものはどうやったら再現できるだろうか？」という視点を大事にしたい。常にそう考えていますね。

次の限定ラーメンに生かせないか？ その意識が頭を離れない。

提供するスープの温度はどう考えますか？

　先日、地方の某名店を20年ぶりに訪れました。前に食べた時は大感動でしたが、今回はちょっとがっかり。20年前と何が違ったかというと、それは「温度」。正直、ぬるかった。熱いスープでは魚介の香りが感じにくくなるから、清湯系では温度を抑えるというアプローチも確かにあります。また、「アツアツ（熱々）で出すと食べるスピードが落ちるから、回転を上げるならぬるめがいい」と考える店主もいるようですが……人それぞれですね。僕はというと、ラーメンは熱々に限るという考えです。なぜなら、僕が豚骨ラーメン店で修業を積んだから。『博多一風堂』では、「ラーメンは熱々じゃなきゃダメ」と教わりました。そこにはちゃんと裏づけがあります。純粋な水の沸点は100℃ですが、ブリックス濃度の高いスープの沸点は低くなります。だから、豚骨スープは意識的に温度を高くしなければ、ぬるく感じられてしまうんです。熱々のラーメンをフーフーしながら食べる。これがやっぱりラーメンの醍醐味ですよ。

盛りつけの際のポイントを教えてください

　何より、温度の統一ですね。冷えたチャーシューをトッピングして、ラーメン全体がぬるくなってしまう。これはよくあるケースです。具材は基本的に常温で準備すべき。冷蔵庫から出して、カットしてそのままのせるようなオペレーションは再考すべきかもしれませんね。ソラノイロでは、トッピングの玉子は提供前に温め、ベジソバの野菜もスチームコンベクションで熱を入れています。次に丼の材質です。スープの温度が下がりにくいのは有田焼の丼。これは僕の経験則。最近では真空断熱のメタル丼も登場しています。これは保温性が高い。つまり断熱性もあるから、丼を持った手がアチチ……とならない優れもの。あとは、提供前に器をしっかり温めるのも大事。お湯を注ぎ入れる店もありますが、ソラノイロはゆで麺機の蒸気で温めます。お湯だと最高100℃までですが、蒸気は100℃以上で温められるからです。最後に、丼にスープを注ぐタイミングも重要。注いだ瞬間から温度は下がっていきますから、提供ギリギリに注ぐよう、細心の注意を払っています。もちろん、盛りつけのきれいさも大事ですが、温度をいかにしてキープするかも重要なポイントになります。

盛りつけのスピードが温度管理の生命線。動線、スタッフとの連携も大切だ。

一杯のラーメンづくりを大切に、真剣に麺と向かい合う。

湯切りは平ざるですか、それともテボ？

　麺の湯切りで「平ざる」を使うか、それとも「うどんテボ」か。これは永遠のテーマですね。ゆで湯の切り具合では平ざるに軍配が上がるでしょう。あと、麺を泳がせるという観点でも平ざるが優位です。だから、自分の目の届く規模で店舗を経営し、パフォーマンスを見せながら湯切りをしたい。そんな思想なら、平ざるの方がよいでしょう。ただ、平ざるの湯切りは技術が必要。たとえば、僕が修業した『博多一風堂』は五右衛門釜に麺を投入し、泳がせた麺を100gずつ平ざるに取って湯切りします。これをスムーズにできるようになるまでは、それなりの修練が必要ですね。だから、ソラノイロの店舗では、基本的にうどんテボを使っています。職人技で厨房を回すのではなく、アルバイトスタッフにも麺揚げをしてもらう。そんな考えで会社を運営しているからです。一人でも多くの人に提供したくて多店舗展開をするのか、単店で職人気質、プロフェッショナルを表現したいのか。どちらに舵を取るかで湯切りのスタイル、選ぶ道具も変わってくるわけです。

営業用スープを炊き続けて営業する意義は？

　11時半の開店から、14時半の閉店時までの営業時間中、ソラノイロでは営業用スープを炊き続けています。当然、蒸発したり煮詰まったりしてスープの状態は刻々と変わるので、常に一定レベルの味を保って商品を仕上げるのはある程度の技術と経験が必要になります。僕としては、それこそが職人の腕の見せ所だと思いますね。

　最近は味のブレを少なくするためか、1杯ごとに雪平鍋でスープを温める店が増えています。もちろん、いつでも安定した商品を出せるというメリットは理解しますが……自分としてはちょっと面白みに欠けるかなと。ラーメン屋は、営業時間中は寸胴でスープを炊き続け、湯気や香りまでお客さまにお届けする。それがラーメン屋というもの。入店した直後から、湯気や香りに包まれて、雰囲気を含めて五感をフルに刺激されるのが醍醐味ではないでしょうか。実際、老舗の春木屋や永福町大勝軒、勢いのある二郎系や家系の直系店は、いずれも営業用スープを炊き続けて提供しています。それは何故かと考えることも、息の長い繁盛店づくりの鍵かもしれませんね。

「写真撮影禁止」を掲げた『素良』のねらいは？

 『素良』(2016〜2017年) は、僕の息子の名前をつけ、店主がいる時にだけ開ける——手づくりのコンセプトで始めた実験店です。SNS投稿が全盛の時代に、あえて「ラーメン、内装の撮影はNG」「携帯電話禁止」を掲げて営業しました。それは何より「ライブ」にこだわったから。ライブにはものすごいエネルギーがあります。目の前にトン、とラーメンが着丼した時の香りは、どんなすごいカメラでも伝えられない。目で見て、実際に味わった時に五感がどう働くか。これだって、いくら細かくテキストで説明しても伝えられるものじゃありません。

そして、食べログやインスタグラム、ブログなどでインフルエンサーがプッシュしたからラーメンを食べてみるという、「情報しか食べない」風潮に投じた一石でもありました。ソラノイログループでも「撮影禁止」を掲げたのは『素良』だけ。今後、この方針を復活させることはないでしょう。だけど、情報に頼らず、ライブでラーメンを食べてほしい……これは職人としての本音でもあります。できるなら事前情報に左右されず、フラットに訪れ、ライブでラーメンを味わってほしい。その思いは今も変わっていません。

創業5年を機に2号店をリニューアル。ライブにこだわった店として営業。

ソラノイロ5周年記念イベント(2016年)は『素良』で開催。アニバーサリーラーメンのみ撮影を解禁した。

「自分の店」にどんな想いをもっていますか?

店主にとって「店は子ども」だ——これは、僕が師匠である河原成美に教わった言葉です。エントランスは目だ。目やにがついたままだとかわいそうだ。毎日ガラスを掃除して綺麗にしてあげようよ。厨房のグリストラップはおしりだ。おむつが汚れたら替えなきゃダメだろ? それぐらい愛情をもって、お店を育てようよ。こう師匠に教わったのです。これって店主はかく考えるべし、という精神論だけではありません。店舗展開における権限委譲にもつながると僕は考えています。麹町の本店から東京駅、池袋、王子と、僕にも何人もの子どもがいます。だけど、創業者の僕がすべての店に親として愛情を注ぐのにも限界があります。4子の一つとして25%の愛情を受けるのではなく、店長一人から100%の愛情を受けるべきでしょう。そこで、店長が「どうせ会社の店だから」と他人事に思ってしまうようなら、掃除にも整理整頓にも限界が出てしまう。自分の店だと思って愛情を込めて管理、運営していってほしい。その考えは、彼らが独立した後にも、きっと役立つものだと考えています。

資金繰りに苦労したことはありますか?

創業当初のことです。運転資金がショート寸前になり、頭を抱えてしまったことがありました。創業3カ月後にイベント『大つけ麺博』に参加したのがきっかけです。売上げを読み違い、予定杯数の半分しか売れなかった。食材費は先払いですが、売り上げの入金は2カ月後。この予想外のダメージに加えて、資金繰りも綱渡りでした。開業資金は日本政策金融公庫と親族に600万円ずつ借り入れており、月に35万円の返済があった。つまり、利益が35万円以上ないと回らないんです。あてにしていた入金が半減しただけならまだいい。入金が2カ月後と聞いて、破綻の可能性が頭をよぎりました。税理士との関係性にも問題がありました。月々の収支を正確に報告してくれていなかった。もちろん、それを代表である僕も詰めていなかったわけですが……。そこからあらためて経理と財務を猛勉強。PL（損益計算書）は読めていましたが、BS（貸借対照表）、キャッシュフロー計算書を分析できるようになりました。月々の儲けを見るだけじゃない、投資の回収時期を把握することが店舗展開には必須ですから。資金ショート寸前の苦い経験から、数字を読む重要性を学びましたね。

ファサードは愛児の顔だ。そんな思いのもと、日々愛情を注ぐ。

修業時代の苦労について教えてください!

『博多 一風堂』の新業態『五行』京都店時代のことです。店長代理の僕はオープンから1年で毎月400万円、年間5000万円もの赤字を作ってしまいました。どうしたら利益が出るのか? 悩んだあげく、考えついたことは全部やろうと決め、翌日からがむしゃらに動きました。1時間当たりの稼働人数を再考して人件費を下げ、取引先を新開拓して原価を下げる——とにかくアクションをしまくったんです。そして、1年後には年間で1000万円の黒字を作ることができました。前年と比較すると、実に6000万円もの業績改善になります。もちろん、僕自身はハードワーク。休みは月に4日程度で、1日12時間以上の労働は当たり前。肉体的にも精神的にも限界でしたし、他の人に勧めることなどできません。ただ、僕の今までの人生を振り返った時、この時の経験が一番の財産なんです。大切なのは「やること」です。V字回復も黒字達成も派手ではありますが、コツコツと行動を積み重ねていくこと以外に達成できることはありません。

大手で修業したメリットは何ですか?

もともと、『博多一風堂』には3年ぐらいしかいるつもりがなかったんです。早々の独立を考えていました。ところが、河原社長は僕が入社3年後には『西麻布 五行』、2年後には『京都 五行』、その次は『銀座 五行』……辞めようとするタイミングで新店舗の立ち上げを依頼してくるんです。だから、結局辞められずに11年もいたわけですが、結果としてはそれが最善でした。技術よりも公人としての振る舞い方、感情のコントロールなどを身につけることができた。そして大きかったのは、大箱で勝負するという発想がもてたことでしょうね。カウンターの店は客数の上限に限界があります。10席いかずに8席程度では1日の客が120〜150人で打ち止め。客単価1000円でも日商12万〜15万円台で、月の売り上げも300万円台で頭打ちです。だけど、僕は『一風堂』で店長経験を重ね、20席以上の店舗を運営してノウハウを蓄積していた。だから、同じ時期にオープンした店舗の2倍以上、21席(カウンター9:テーブル12)で本店を出すという決断ができたんです。リスキーだと指摘されもしましたが、売上げが多くなるほど次の一手が打ちやすくなるのは確かですからね。

商業施設内にある東京駅店。26席というスケールで多様な客層のニーズに応える。

生産者を訪れる研修も企画し、
グループの一体感を醸成する。

会社を続けていくために必要なことは?

　僕は『博多一風堂』を経営する力の源カンパニーに11年間在籍しましたが、そこで学んだのは、会社を続けるためには「理念経営が不可欠」ということ。つまり、理念とビジョンを確立し、スタッフに浸透させていくことが大事なのです。前職で僕の血肉になったのは、創業者の河原成美が提唱した「変わらないために変わり続ける」というグループ理念でした。ソラノイロは「私たちはお客さまに笑顔と感動を提供して、人々に"元気を与える"ためにここにいます」というのが経営理念です。そこから「まだ見ぬお客さま『女性』『ベジタリアン』『外国人』にソラノイロのラーメンを食べていただき、日本の国民食ラーメンのおいしさと魅力を伝えること」をめざしてきました。この理念はクレドカードにし、社員一同が携帯しています。立派な理念を掲げても形骸化してしまっては意味がありません。会社のあらゆるアクションが理念に基づくことを実感してもらうため、まずは経営理念を掲げる。そして、共に進むメンバーと着実に共有する。その先に、長く続く強固な企業体が見えてきます。

ラーメン評論についてはどう考えていますか?

　創業当初は野菜をキーワードにしたベジソバを開発し、カフェ風の内装で店づくり。独自性をもたせ、メディアに頻繁に取り上げていただきました。今の自分のお店の立ち位置があるのは、それらのメディアで評論家の方々が取り上げ、レビューしてくださったから。この点は今でも深く感謝しています。ただ、近年は評論家の役割を疑問に思うことも増えてきました。文章表現を考え、料理を真摯に勉強している方もいますが、杯数を多く食べているから、有力店と深く関わっているから発言権をもっているだけでは?　と思える方もいるからです。メディアの取り上げ方一つとっても、評論家の好みや人間関係で扱い、評価が決まる傾向があるのは否定できないでしょう。味の正当な評価、大きな視点での評論は今、成立しているのでしょうか?

　他方、ラーメンの魅力をフットワーク軽く伝えるユーチューバーも増えてきました。彼ら彼女らは動画というコンテンツを通し、ラーメンの魅力をどうやったら伝えられるかを真剣に考え、臨んでいる印象です。新しいアプローチで魅力を伝えてくれるインフルエンサー、メディアには大きな期待があります。

3系統のラーメンを掲げた2号店の意義は？

『ソラノイロ salt & mushroom』（2013〜2016年）は2号店としてオープンした、思い入れのある店舗です。「塩煮干しソバ」「ソラの肉ソバ」「キノコベジソバ」という、コンセプトがまったく異なる3種のラーメンを掲げました。2015年頃から、動物系のだしを不使用のラーメンを「アニマルオフ」として定義づける動きが活発になりましたが、「塩煮干し」は伊吹島の煮干しに真昆布でとっただしに、アサリを煮詰めた塩だれを合わせたもの。ソーキと沖縄かまぼこなど沖縄具材でまとめたので、アニマルオフまであと一歩というラーメンでしたね。「肉ソバ」は京都の『新福菜館』をインスパイアした濃厚醤油ラーメン。「キノコベジソバ」はその後もブラッシュアップを続け、現在は最新バージョンを池袋店で提供しています。麹町本店に続いて斬新なメニューを繰り出し、「ラーメン＝男性の食べ物」という概念を覆す上で、大きなステップになった店ですね。

活きアサリ、イタヤガイなどでとった塩だれに煮干し・真昆布のスープを合わせた「塩煮干しソバ」。あおさで磯の風味を演出。

京都の製麺所『麺屋棣鄂』の麺を使い、たれにも京都産の醤油を使った、京都インスパイアのラーメン「ソラの肉ソバ」。

マッシュルームと生クリームを豚骨ベースと合わせ、ポルチーニパウダーやトリュフを具材に使用した「キノコベジソバ」。

採用に苦労していますが、よい策はありませんか?

ラーメン店に限らず、飲食業界は慢性的な人材不足ですね。背景の一つには、Youtubeなどでレシピがどんどん公開され、「店舗で修業しなければラーメンづくりのノウハウが吸収できない」という考え方が通用しなくなっていることが挙げられます。修業を積んでから独立しようという人が減っているのが現状だと思うんです。

今までのラーメン店はOJT、オン・ザ・ジョブ・トレーニングでスタッフを育ててきました。採用募集をかけ、集まってきた人を厨房でもホールでもすぐに現場に入れるというやり方です。仕事のやり方は現場で、実地を通して覚えてもらうというもの。だけど、今の若い人がそうやって現場にいきなり放り込まれると長続きする確率は低い。どうしても定着しにくいんです。まずはコストをかけること。人材教育に投資するマインドをもちましょう。人が足りないから即戦力として起用したい。本音は分かりますが、定着率を上げたいのなら、ラーメン店でも現場研修のコストをかけるのが近道になります。

新人研修に10時間かけているって本当ですか?

ソラノイロは社員でもバイトでも漏れなく、10時間の新人研修を用意しています。座学が8時間。そして、オペレーションを含めた実地研修で2時間。現場に出るのは、ソラノイロのイズム、方法論を学んでもらってからです。アルバイトには高校生もいるし、転職してきた社員では40歳以上の方もいる。そんな多様な属性をもった方に、10時間後には同じようなレベルに達してもらわなければいけません。ラーメン屋としていい接客だね、で終わるのではなく、飲食業全体に広げても「さすがの接客だね」と言われるレベルをめざさなければなりません。たとえば、紙エプロンがいるかどうか、一人ひとりに声をかけて確認し、必要な方には手渡しができる。女性に限らず、スーツ姿のビジネスマンにもです。そんな振る舞いが自然にできるスタッフをめざしてほしい。

そして、この研修は担当するマネージャー・店長自身の成長にもつながります。飲食店の現場ではミドル職位の育成は空白になりがちだからです。マネージャーや店長が新人に教えることで現場業務を整理できるし、サービス、ホスピタリティについて再確認できる、いい機会になります。

作業の一つひとつに意味があり、目的があることを意識させる。

Q 支店で働くスタッフを教育するのが大変です

A

ソラノイロでは、グラスや丼の下げ方一つとっても、すべてやり方があります。下に挙げたのはスタッフ用マニュアルの一部ですが、レードルの使い方も「体で覚える」「見て覚える」のではなく、持ち方・返し方・たれとスープの入れ方を連続写真で図解。調理オペレーションを分解することで、ルールにのっとったオペレーション、整然とした店内、ホールができるのです。

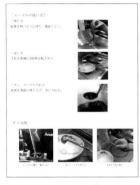

調理マニュアルの一部。レードルの使い方やたれ、スープの入れ方を画像で図解する。

これはなぜか？ 教育、研修におけるコミュニケーションギャップがなくなるからです。先輩に教わるのでも、Aさん、Bさん、Cさんのやり方が微妙に異なり、どれが正しいか分からない。飲食店に限らず、あらゆる現場でそんなケースはめずらしくありませんよね。ドリンクのつくり方、ラーメンの盛りつけ方、ご飯のグラム数、すべてをマニュアル化し、キッチリと体系立てていくこと。こうして初めて多店舗展開ができ、自分たちの味、サービスを多くのお客さまに安定して届けられるようになります。

Q 本店と支店の一体感づくりのポイントは？

A

ソラノイロは、現在4店舗を構えています。拡大するにつれてスタッフは増え、活気が出てグループとしての力も増してきました。だけど、拡大もメリットばかりではありません。本店1店舗でやっていた頃のように、僕とスタッフが毎日顔を合わせ、密にコミュニケーションをとるのが難しくなってきているのは確かです。ソラノイロの創業の精神、宮﨑千尋の考えが薄まっていくのでは？という懸念が出てきました。そこで企画したのが、全員が顔を合わせての勉強会や研修、課題図書を伝えてみんなに読んでもらうという試みです。

研修は、毎回違ったテーマで開催していて、内容は実にさまざま。外部から講師を招く時もありますし、学ぶ側に他店のゲストが参加する時もあります。麺・スープ・たれ・油といったラーメンの基本を学ぶだけでなく、ある時は資金調達、つまり「お金の借り方講座」も企画しました。今いるスタッフも、やがて経営者になったら貸借対照表、損益計算書を読むことも必要です。このように将来のために自己投資して勉強していける集団をめざしたいと思っています。

その施策を貫くのは「共有　共感　共鳴　共振」。これは、僕の師匠である河原成美の言葉です。まずは共有すること。僕たちは日々の仕事や研修を通して場と時間を共有する。そして、課題図書をみんなに読んでもらうのは共有ですね。いろんなものを共有して問題意識、思いが通じ合うのが共感です。心の底から共感ができたら、同じビジョンをもてる。これが共鳴。共鳴がうまくいくと、今度は共振になる。響き合って、影響を与えあって伸びていける。これが組織の理想的なあり方だと僕は考えています。

店長に任せた現場を店主はどう見るべき?

3店舗を越えて規模を広げる中、僕自身が経営計画やマネジメント、仕組みづくりに注力し、その重要性を再認識したことがありました。そのトライアルを通して感じたのは、代表だからこそ現場を客観的に見られることもある、ということです。僕が現場に入る時はお客の視点で店舗に入り、サービスの提供を考えます。先日、東京駅店を客観的な視点で見て、改善ポイントや気になる点を12個も見つけました。これは決して粗探しをしているわけではありません。店長と話し合ったのは、12個の改善ではなく、「今のやり方、仕組みのままで本当にいいのか? 店をもっとよくするために、業務をもっと効率的に進めるためにやれることはないのか?」という意識の共有でした。仕込みと営業、片付けをしてレジ締め、そしてまた翌日の仕込み、営業……ルーチンワークに慣れすぎると現場が風景化し、気づきも減ります。店舗やサービスの劣化に気づきにくくなってしまうのです。外食チェーンがエリアマネージャーを置いて客観的、俯瞰的に店舗をチェックするのは、このねらいもありますからね。

支店の環境の見分け方は?

前項で「現場を客観的に見ること」の重要性を挙げましたが、僕が最も重要視するのはQSCの徹底です。それは挨拶、掃除、整理整頓を意識化、習慣化することから始まります。ある店舗を見て気になったポイントが「掃除が行き届いていない」というものでした。それは「○○の汚れ」といったディテールが問題ではない、と考えています。「厨房をきれいに使おう」「厨房も僕らの仲間だと考え、愛着をもって磨こう」という意識の欠如を意味するからです。掃除や整理整頓は、スタッフの人数や、余裕時間の有無とは関係ありません。気づいた時にどれだけ全員で行なえるかが勝負。

つまり、「掃除がうまくできていない」店舗はスタッフの連携がうまくいっていないことも考えられます。洗い場は洗い場、調理は厨房、ホールはホール……縦割りで切り分けになり、自分の持ち場だけにしか関心が向かなくなっている。チームとして機能していない危険サインかもしれない。これは、報告される売上げだけを見ていてはわかりません。数字がいいからといって危険サインを見逃していたら、現場のオペレーションは崩壊してしまいます。

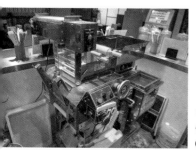

「お客さまを迎える最低限の基本」としてQSCを徹底している。

伸びる人材を育てるためには?

　長くラーメン店に携わり、いろいろな立場からスタッフを見てきました。ラーメン店に限らず、労働者は勤務とオフのくり返しで日々を過ごしていきますが、決まった時間に決められたことをやり、休みになればしっかり休む。そのくり返しが基本です。ただ、そのループの中で、ラーメン屋としてどうなりたいのか、どのように進んでいきたいかがまったく見えてこない人もいます。わかりやすく言うなら報酬です。月収30万円の人が「年収500万円は欲しい」と言っていたらどうでしょう。賞与などを抜いて、500万を単純に12カ月で割ったら、月収40万円以上を確保しなければかないません。じゃあ、現在の月給との10万円の差はどうやって埋める?　逆算で考えたら、やるべきことは見えてくるはずです。その逆算思考をしないまま、漠然と「500万円あったらなあ」と夢想しているだけの人は伸びる人材とは言えない。めざすところがないから、日々の仕事は作業になり、ルーチンワークで終わってしまうんです。僕は経営者として、いかにしてスタッフに目標、ゴールを提示し、リードできるかを考え続けています。

ラーメン店にも「働き方改革」は必須ですよね?

　2019年、僕はベトナムやオーストラリアを旅し、見聞を広めながらビジネスについて思索を重ねました。そこで感じたのは「日本人は働きすぎだよ!」ということ。ご存じの通り、オーストラリアには「Casual Friday」という文化があります。スーツで仕事をしている会社員もカジュアルな装いで仕事をして、午後3時ぐらいには終業。カジュアルな装いのまま飲みに出かけて、週末のオフタイムに続くのです。働く時は一生懸命働く。そして、オフタイムはしっかりと楽しむ。この考えが、文化として定着していることがわかります。僕自身、「働き方改革」という言葉はあまり好きではありません。働き方は改革するべきものではなく、日頃の取り組みとして会社や経営者が地道に行なっていくべきものだと思っているからです。飲食業界はブラックな労働環境と指摘されることもありますが、経営者として週休2日制を守り、業界でも上位クラスの報酬を用意しています。薄利多売で長時間労働という時代ではありません。きちんとていねいにつくっているよい商品を、それに見合う単価で提供し、労働環境も確保する。そんな考えがスタンダードになりつつあります。

ベトナム国籍のスタッフもいきいき働く。多様性を重んじた採用を続けてきた。

ラーメンの値付けをどう考えますか?

　ラーメン業界には「1000円の壁」なるものがあります。主力のラーメンの売価で1000円がなかなか越えられないというもの。現在、麹町本店では950円という価格ですが、2016年『素良』ではラーメンの価格を1000円にし、2019〜2020年は麹町本店のグランドメニューを1000〜1700円の価格帯にした時期もありました。これは、僕の師匠である河原成美の影響があります。河原は『博多一風堂』でプライスリーダーとしての姿勢を明確にしてきました。もともと福岡はラーメンが安価な街。一風堂の創業当時、博多ラーメンといえば250〜300円といった低価格帯でしたが、河原は東京など他エリアに準ずる価格帯で勝負しました。東京の老舗でもそうです。『永福町大勝軒』『春木屋』をはじめ、一見強気に思える値付けをしている老舗も少なくありません。高価格で、しっかりとした付加価値を提供していく。この意識を明確に示すのがプライスリーダーと言えるでしょう。僕たちも商品力とサービスを向上させ、東京ラーメンシーンのプライスリーダーをめざしていきたいと思っています。

業界のブームを捉えるためには?

　創業時にベジソバを提案したり、インバウンドに訴求するヴィーガンラーメン、たんぱく質増強のマッスルラーメンを開発したり……僕たちは業界で新たなムーブメントをつくろう、時代の先を行こうと走り続けてきました。もちろん、その思いは変わらず、新たなラーメンを模索し続けています。ただ、2020年からのコロナ禍で、ラーメンに限らずいろいろな業態の「地力」が浮き彫りになりました。僕たちも3店舗を閉鎖し、戦線を縮小せざるを得ない局面もあった。「まだまだ」という思いを新たにしたのです。大切なのは、「いかに新しいものを提供するか」というプロダクトアウトの発想ではなく、「お客さまが欲しているラーメンを、いかにして提供するか」というマーケットインの視点です。「新しいラーメンを提供している」、あるいは「これだけコスパのいいメニューを出している」という主張はお客さま視点ではなく、店舗側のエゴでしかありません。業界のブームを捉えるということ。それは、メガトレンドばかりに目を向けるのではなく、目の前のお客さまが何を考え、何を欲しているのかを第一に考えることに他なりません。

2019年の麹町店。価格帯を掲げて姿勢を鮮明に打ち出した。

"スパイス×豚骨"を提案した京橋店の戦略は?

京橋駅の商業施設「京橋エドグラン」で展開した『ソラノイロ トンコツ＆キノコ』(2016〜2020年)はソラノイロの4号店。豚骨とスパイスをかけ合わせた新しい味を提供しました。僕がインスパイアを受けたのは『スパイス・ラー麺 卍力』(西葛西)のスパイシーなラーメン。多彩なスパイスをブレンドし、中太麺を合わせる。豚骨ラーメンのセオリーにとらわれることなく、スパイスを合わせた再構築で女性客を中心に支持をいただきました。豚骨をベースにしたのは、カレーに寄せたエスニックメニューに着地するのではなく、「ラーメン」としても完成度を高めたかったから。季節によって変える野菜の彩りでソラノイロらしさも出しました。京橋店は契約の満了で閉店しましたが、スパイスと豚骨ラーメンのかけ合わせは、またいずれチャレンジしてみたい。開発しがいのあるラーメンでした。

カルダモン、クミン、コリアンダーなど多様なスパイスをブレンド。食欲を増進させる香りを立たせた。

サブラーメンとして、リニューアルした2号店の「キノコベジソバ」を投入。

Q 若い来店客、ファンを増やすためには?

A 僕がSNSの個人アカウントを初めて開設したのは2010年3月のこと。当時のソーシャルメディアはTwitterでしたが、そこからFacebook、Instagramのアカウントを順次開設し、2019年にはYoutubeのソラノイロチャンネルもスタートさせました。メジャーなSNSを網羅して情報発信しているのは、年齢や職業、性別によって利用するSNSが異なるためです。一つでも穴があると、情報の発信力が弱まると考えています。Facebook、Twitterはやや年齢層が高く、若いファンを増やすためにはInstagram、Youtubeの活用が必須だと考えています。僕たちもECで販売しているラーメンのレシピ動画をアップしたり、インスタのハッシュタグを工夫したりして、広い世代への情報拡散をねらってきました。また、すべてのスタッフにTwitterの個人アカウントを開設してもらい、業務の一環として運用してもらっています。それぞれ自分のファンをつくるという意識をもってもらうのがねらい。これは独立の際にも大きな強みになります。

Q SNSの種類が多くて使いこなせません……

A 僕が使いこなしているソーシャルメディアの傾向でお話しましょう。Twitterは匿名性が高く、不特定多数の顧客に向けて発信していくスタイル。リツイート機能がユーザーに認知されているため、情報の拡散性の高さ、即時性が強みです。営業時間の変更など、営業に関わる情報をアップしていますが、「明日から限定麺を出します!」といったゲリラ投稿は意外に効果があります。EC販売もTwitterの告知から一気に拡散し、初月に350万円を売り上げたほどです。ユーザーの実名や経歴が可視化されるFacebookは経営者仲間、ラーメン業界関係者のつながりが多い。投稿は仕事回りの近況報告がメインになりますが、人材や物件の募集について投稿すると、同業者がシェアをして拡散してくれるので助かります。Instagramはというと、営業情報を投稿するかたわら、僕のプライベートな日常の動向もアップしています。たとえば「食べ歩きの旅」と題した投稿はフルーツサンド、コッペパンの画像を連投するもの。これにより、ラーメンファンとはまた違う層のフォロワーが増えました。ここから着想を得て、コッペパンの新業態『かえでパン』もオープンしています。

Twitterの投稿頻度は1日2〜3程度だが、ゲリラ限定の投稿には大きな反響が。

グラム単位の二郎系を提案した真意は？

 『ソラノイロ　Factory&Labo 浅草橋』は2017〜2019年に営業した実験店。名前通り、チャーシューなどの具材を生産し、各店舗に供給する工場、そして新たな商品を開発するラボラトリーとして立ち上げた店舗です。

　営業は週3日のランチ帯のみ。かつて限定ラーメンで提供した「まかない肉そば」をブラッシュアップし、「ベジ郎」として提供しました。メニュー名には、「ベジソバを開発したソラノイロが構築したネオ二郎系」という思いを込めています。二郎といえば「ニンニクマシマシアブラカラメ」など、「呪文」と呼ばれる特殊なオーダーが特徴。僕はこれが女性の参入障壁ではないかと考え、A「麺200g：野菜200g」、B「麺100g：野菜300g」、C「麺300g：野菜100g」というグラム単位のオーダーを考案。女性客に向けた二郎系ラーメンをブレイクさせることができました。この発想は現ECサイトの人気商品「ミヤザキチヒロ」にもつながるものです。

生産工場として機能していたが、物件契約終了に伴って閉店。本店をモデルに新たなラボスペースを模索中だ。

モヤシ、キャベツは二郎系ラーメンにつきものだが、「ベジ郎」はニンジンやキクラゲなどものせてヘルシーに。

二郎系といえば豚ウデ肉を使ったパワフルなチャーシュー「ブタ」が名物だが、同店では鶏チャーシューも用意した。

アワードのランキングは気になりますか?

創業直後からガイドブックや「ミシュランガイド東京」への掲載、「TRYラーメン大賞」などのアワード表彰をいただき、大変光栄でうれしく感じました。認知度が上がるのはもちろん、従業員のモチベーション向上につながったからです。ただ、近年は考え方が変わってきました。ランキング、アワードは水物。選ぶのは「人」です。客数が○○○名以上、売り上げが○○○万円あったから、といった客観的な基準があるわけではない。たとえば、ミシュランでは掲載された時も、逆に外れた時もとくに説明はありませんでした。TRYも同様です。基準やガイドラインは属人的で、大賞の4位と5位はどんな点がどのように違うのか? これは審査員でも説明できないでしょう。ミシュランの掲載から外れても、TRY大賞から遠ざかっても、とくに思うところはありません。一喜一憂する暇があったら、新しい味、サービスの向上を考えたいと思っています。僕たちが強く意識すべきは客数です。客数=支持率、客単価=満足度、売り上げ=お客さまの支持数ととらえ、商品、サービスの向上に努めたいと考えています。

ラーメンイベントへの出店をどう考えますか?

各地のラーメンショー、催事、フェスまで、いろいろなイベントに参加してきました。そこで感じるのは、来場客、ラーメン店、主催者が「Win-Win-Win」になるイベントは稀だということ。あるイベントはラーメンの売価が900円でしたが、これは本店の「中華そば」とほぼ同じ価格です。店舗で接客し、熱々で提供するラーメンと、吹きっさらしの野外で、プラ容器で提供するものが同じ価格です。このバランス取りは難しいところです。高すぎると来場客の満足度を上げるのは難しい。かといって、価格によってはイベントの継続は難しくなるでしょうし、ラーメン店もおいしい一杯を提供できるモチベーションが保てない。僕たちが毎夏参加していた音楽フェス「New Acoustic Camp」だと、売価700円ではありますが、とにかく杯数が出る。2日で2000杯近くを売り上げます。これでも採算はギリギリですが、主催者が僕たちを呼びたいと熱意を込めてくれるし、毎年食べてくれるお客さんが「来年も来てくださいね!」と声をかけてくれるから、また頑張れる。これが理想的なトリプルウィンです。精魂込めたラーメンで、イベントの熱気を支えていきたいですね。

「東京ラーメンショー2019」に「ベジ醤油ラーメン」で出店。

ヴィーガンに着目したきっかけを教えてください

　僕がヴィーガンを意識したのは創業から間もない2013年のこと。フランスで開催されたイベント「PARIS RAMEN WEEK」に参加し、現地の方に600食以上のラーメンを提供したんですが……「ヴィーガンのラーメンはないのか?」と、何度もたずねられました。そこで、海外のレストランでは、植物性のみでつくったヴィーガンメニューが当たり前だということを知ったのです。帰国後、研究を重ねてメニューを開発。ヴィーガン、オリエンタル・ベジタリアンを満たすラーメンを提供しています。ちなみに、オリエンタルとは台湾に多いベジタリアンで、五葷(ニンニク、ニラ、ラッキョウ、タマネギ、ネギ/アサツキ)を摂らないというものです。この他、乳・乳製品などは食べる「ラクト・ベジタリアン」など、ベジタリアンは細分化が進んでおり、多様なニーズがあります。国内での浸透ぶりを見つつ、必要に応じて新メニューを研究していければと思います。

他業種とコラボするためのヒントは?

　2011年から200種類以上の限定ラーメンを創り、メニューの開発力、大手メーカーやミスタードーナツなど外食産業とタイアップし、メニューを提案するコンサルティング力を培ってきました。近年はタピオカ入りの「チョコミントの冷やし麺」、アイスジャーナリスト・シズリーナ氏とコラボした「音を食べる冷やし中華」など、ラーメン業界外のメーカー、インフルエンサーと組んだ開発も増えています。ラーメン店との協業を避けているわけではなく、他ジャンルのメーカーや店舗と取り組むことが刺激的で、面白い──そう感じているからです。近年、外食産業でクリエイティビティが発揮され、盛り上がっているジャンルは、残念ながらラーメンではありません。それはスパイスカレー、肉バル、ジェラートといった分野にあると考えています。だからこそ、僕は新たな領域に飛び出し、ありきたりじゃない素材を使い、考えもつかなかったメーカーと組んでラーメンを創っていきたい。まったく異なるジャンルとクロスボーダーで取り組み、メニューを創る。その化学反応で何が生まれるか、僕自身も楽しみにしています。

野菜が豊かな「ヴィーガン醤油」は2019年から本店で提供。現在は東京駅店で人気。

ECサイトの戦略をどう考えていますか?

2020年のコロナ禍を経て、多くのラーメン店がECに力を入れ始めました。僕たちもイートインの「地上戦」だけではなく、ECサイトの「空中戦」も展開しなければならない時代になってきています。ただ、戦略という意味では様相がガラリと変わります。たとえば、僕たちは「お客さまに好ましく思われる接客」「不快感を与えない仕事」をすべき、とスタッフを育成してきました。店舗に再び足を運んでいただき、ラーメンを食べてもらう。それが大前提だった。だけど、ECサイトは対面ではなく、お客さまの顔が見えない。サービスの考え方がまったく変わってくるんです。「好ましく思われる接客」よりも一歩踏み込み、「ファンになってもらう」「商品をカートに入れてクリックしてもらう」と考え、仕組みづくりをしていかなければなりません。スタッフが意見を出し合い「どうやったらリピートされるか」「スピード感をもった商品展開は?」など、ゼロベースで構築しながら、EC戦略を組み上げているところです。

EC販売では何が大変でしょうか?

Twitterアカウントで拡散したこともあり、ECサイトはスタート初月から350万円を売り上げることができました。しかし、当初は電話やTwitterのDMなど、複数の窓口で受け付けてしまっていた。このため、取りまとめが混乱を極めてしまい、受注管理から決済の確認、発送までいくつかミスが発生したこともありました。改善策をいくつか検討する中、僕たちが採用したのは「BASE」というサービスです。これはWeb上で受注から決済まで完結するプラットフォームで、注文する時に発送先の住所も紐付けられるからミスがありません。そう、電話やメール、メッセージでオーダーを受けてから転記するというプロセスがあり、そこがミスの温床になるんです。

こうして、製造から発送までスピード感をもって行なえる体制を整備。本店の「中華そば」などレギュラー商品のほか、本店のゲリラ限定もタイムリーにECサイトで販売できるようになっています。安定したプラットフォームをフルに活用し、ラーメンづくり・メニュー開発に注力する。選択と集中の使い分けが功を奏しました。

受け取り日時指定で販売する限定ラーメン。クール便で野菜のフレッシュ感を届ける。

テイクアウト営業に求められるものは?

　多くの飲食店が取り扱い、ラーメン店も取り入れているテイクアウト。僕は自分でも意欲的に購入し、お客さま視点でリサーチしています。ここで強いのは、やっぱり二郎系のラーメンですね。以前からよく通っていた二郎系のある店は、スマホで簡単に購入できるデジタルチケットを活用したテイクアウト販売が人気を集めました。「回転が遅い」「行列が長い」といった二郎系のウィークポイントを逆手に取り、「人目を気にせず自分のペースで」「好きなときに食べられる」お土産ラーメンを成功させています。1日約100食の持ち帰りがさばけたら、月商でもかなりの売上げ増につながります。お客さまにとっても、そして店舗側にとってもWin-Winの施策でしょう。

　二郎系は持ち帰りに強く、醤油清湯などはECサイトでも充分に魅力が体感できる。一方、僕たちのベジソバなど、ECやテイクアウトでは魅力を伝えきれない、お店で食べることに価値があるラーメンもあります。イートイン・ECサイト・テイクアウトの機動的な使い分けが今後のテーマになりそうです。

今後、店舗のあり方は変わっていくでしょうか

　飲食店を巡る環境はコロナ禍で様変わりしましたが、それは都心部の店舗で顕著です。以前は好立地・好アクセスのポジショニングが店舗計画の生命線でした。いい立地だから家賃も高くなりますが、固定費が少々高くなっても、顧客が多いからカバーできた。それが都心型店舗のもつバリューであり、飲食業の常識だったんです。ところがテレワークがスタンダードになり、その常識も大きく変容を迫られています。都心のオフィス街、繁華街では家賃、人件費といった固定費、原材料費をまかなえる戦いをするのが苦しくなっています。もちろん、打ち手はあります。都市型でも、店主の創意、パーソナリティを前面に出したり、ブランディングを強化して差別化を図ったりすることで、サバイバルをねらう店舗があります。

　そこで、僕たちが考える戦略は「多機能型店舗」。本店、池袋店では製麺機を備えており、厨房スペースも広くとっているので生産力は高い。両店はイートインで新たな顧客体験を探りつつ、工場機能を備えた多機能型の店舗をデザインしていきたいですね。

本店はパン業態「かえでパン」も併設し、店舗機能を多角化。

『ソラノイロNAGOYA』(2017年〜2020年)で東京都外に初出店。

ラーメン業界の次のキーワードは？

　2020年、僕は沖縄で店舗をプロデュースしました。いろいろな店舗を手がけてきましたが、フードコートの店舗は初めてのチャレンジです。一連のプロデュースを通して感じたのは「食サ分離の可能性」です。食サ分離——これは外食業界で注目されているキーワードで、食(料理)とサービスの概念を分けて考えるというもの。料理／配送サービスそれぞれに対価を払うデリバリービジネスもそうですし、つくったラーメンを食べ、配膳やバッシング(下げ膳)は利用者自身がこなすセルフサービスも該当します。僕はフードコートというスタイルのラーメンを開発し、セルフ型の楽しさ、未来を感じることができました。そこで得たのが、今のお客さまはフルサービスを求めてはいないのでは？　という気づきです。おいしいラーメンとスマホ、そしてパーソナルスペースさえあればいい。そんな風潮を感じています。ソラノイロも各店でフルサービスを提供してきましたが、エリアと用途、ターゲットによっては営業形態を柔軟に変え、ラーメンを提供していきたいと考えています。

都心旗艦店の役割も変わっていきますか？

　前の項目で「多機能型店舗」の可能性について触れましたが、フラッグシップショップである本店は、「ショールーム」としての働きももたせるべきではないか、と考えています。飲食店の利用はイートイン一択から「テイクアウト」「デリバリー」「EC利用」と、さまざまなバリエーションをもつようになりました。従来は「いかにして店舗に足を運んでもらい、食べてもらうか」の一点に注力したらよかった。ただ、それは観光客・インバウンド・JRなどメジャー交通機関を利用するお客に依存した店舗戦略で、有事には弱い。強固な店舗というのは、店舗の飲食体験を「テイクアウト」「EC」につなげていくというコンセプトだと僕は考えています。それが「店舗のショールーム化」ということです。つまり、「おいしかったからお土産ラーメンをお持ち帰りしよう」「このラーメンを家族にも食べさせたいから、ECサイトで注文しよう」と意識づけ、実際のオーダーにつなげていく。イートインを基点にした販売拡大戦略です。この次世代型の店づくりを、どのようにして設計、スタッフ教育、グランドメニューの設計に落とし込んでいくか。そこが経営者の腕の見せどころになってくるでしょうね。

ECサイトで人気店コラボを提案した背景は?

ECサイトでは、ガッツリ系の雄『ラーメン荘 夢を語れ』、ソラノイロ出身の『中華ソバちゃるめ』、青森の煮干しラーメン『長尾中華そば』など、錚々たる名店とコラボしたECオリジナルの商品を企画・販売しました。

それは価格以上の価値を提供するため。ECラーメンは送料がかかるため、イートインに比べる売価では割高に感じられてしまう。地方の名店×東京のソラノイロのラーメンが同時に楽しめるコラボ商品、しかもECでしか頼めないとなれば、大きなバリューになります。そして、新たな戦略のヒントもつかみました。三重県の名店『鉢ノ葦葉』とのコラボでは東海エリアから多く注文をいただきました。当時僕たちは『ソラノイロ NAGOYA』を名古屋に出店しており、発送時に見込み客として名古屋店をアピールするなど、リアル店舗とECをクロスさせたPR策が視野に入ったのです。ここで得た学びが、新たなマーケティング施策のヒントになりました。

『夢を語れ』の麺とソラノイロの豚骨スープを合わせたコラボ商品。チャーシュー、背脂は瀬戸のもち豚を使用。

独学で磨き上げたラーメンを提供する『鉢ノ葦葉』。ソラノイロとはリアル店舗でもコラボを成功させている。

Q ソラノイロのラーメンを当店でも出せますか？

確かに、ラーメンのプロデュースを手がけていると「ベジソバをうちの店で提供したい」というオファーも、よくあります。ソラノイロのフラッグシップメニューだけに「お金のなる木」だと思う方も少なくないのでしょう。しかし、ベジソバは僕が思いをのせ、ストーリーをつくり、「2011年の麹町」で誕生させたもの。今の時代に他エリア、他の店主が提供して売れるのか？　そんなに甘い話はないでしょう。そもそも、ベジソバはソラノイロの子どもですから、簡単に外に出すつもりもない。ライツビジネスをやりたいわけじゃありませんからね。

僕がラーメンをプロデュースする時に重要視するのは、オーナーがどんな思いをもち、どんなエリアで、どんなお客さんに、食べてどんな気持ちになるラーメンを出したいのか。提供側のストーリー、そして潜在的・顕在的な顧客のニーズです。ストーリーを描き、待望されるラーメンをプロデュースしていきたい。思いがのらないラーメンを売ってもらおうとは思いません。

Q 店主なら誰でもプロデュースができますか？

僕はこれまで200種以上の限定ラーメンを開発してきましたが、それだけの数の限定を繰り出せる職人は、全国に何万店とあるラーメン店の中でも一握りではないでしょうか。ラーメンづくりには、完成度を上げるための技術力、オリジナリティあふれるものを創り上げるクリエイティビティが基本です。しかし、それだけでは自分の味を広く届けることはできません。原価計算をすることなく、使いたい食材をバンバン使っていたらビジネスが成り立たない。オペレーションが複雑で属人性が高ければ、提供先の店では理想の味を提供できないこともあり得ます。これらは本末転倒です。

技巧を極め、食材を追求し続ける姿勢は第一ですが、ラーメン界では、「必要に応じてうま味調味料を使う」「たれをOEMで工場にオーダーする」といった流れが無視できないものになりつつあります。工夫とイノベーションで調理時間、コストを最適化する。その上で、妥協しない味をつくり出すという、経営者に求められるようなバランス感覚です。職人気質だけでおいしいラーメンをプロデュースし、行列をつくるのは至難の業だと考えています。

ベジソバをイメージし、ミスタードーナツの夏季限定麺をプロデュース（2018年）。

商品開発のヒントはどこから？

　たとえば、「女性に向けたラーメンを開発したい」というオーダーがあったら、チーズ、豆乳、エビ、アボカドなどの食材がすぐ浮かんでこなきゃダメですね。アンテナを常に張り巡らせて、「今、女性がいちばん食べたい食材は何？」「今の東京の人は何が食べたいのか？」と、コンビニに行っても、街を歩いていても考え、感じるようにしなければいけません。僕の師匠の河原成美は「食べないやつはラーメンをつくれない。（職人としては）信用できない」と常々言っていました。僕は河原に師事してからは和食、フレンチ、イタリアン……言葉を守り、ひたすら食べ続けていました。その経験がラーメンを創造する礎になっています。メニュー開発で問われるのはセンスや技量だけじゃない。レストランでどれだけ食べてきたのか？　どれだけ本を読んできたか？　どれだけの食材を知っているのか？　調理したことがあるか？　料理人、そして一個人としてのこれまでが問われるのです。

ラーメンプロデューサーの手腕はどこで決まりますか？

　ラーメン界で豊富な実績をもち、商品開発に長けた人はたくさんいます。素晴らしいラーメンをつくれるかもしれない。だけど、おいしいラーメンのレシピをもっていても、クライアント側とレシピを共有し、理想の味でお客さまに提供できなければ意味がありません。その場合、スタッフもキャリアがある職人とは限らない。アルバイトの調理を前提にしなければならない店舗もあるでしょう。さらに、現代はSNSを駆使したプロモーション、ブランディングを提案できなければ価値は半減するでしょう。メニューのクオリティがいくら高くても、広く知ってもらい、足を運んでもらわなければ価値を感じていただくこともできないからです。そして、スタッフの採用・研修といった人材開発面、年間計画・中期計画に即したメニュー展開など、経営的な観点も求められるでしょう。

　外食業界も経済も、先が見えない不確定な時代。ヒト・モノ・カネ・情報という経営資源をどう生かし、どう戦略、メニューに落とし込んでいくか。ラーメンプロデューサーには、そんな観点が求められるようになっています。

プロデュースした『島豆腐と、おそば。真打田仲そば』（沖縄・名護市）は2017年5月オープン。

悩んだ時に立ち戻る原点は何ですか?

僕が初めてラーメンづくりを学んだのは『たけちゃんにぼしらーめん』ですが、そこで「ラーメンは油を食わせるものだ」と教わりました。スープを口に含んだときの第一印象として、たれの味わいを油が引っ張る。そして、麺に絡んだ油とたれにより、さらにおいしく食べさせる。それがラーメンだ、と。そして、僕は15歳の頃から食べ歩きを始め、大学生になった頃には500軒以上を巡っていました。そこで印象深いのが激戦区・恵比寿などで食べた背脂ラーメンです。つまり、修業時代と食べ歩き時代の原点は「油」なんですね。だから、メニューのリニューアルで「原点回帰」を考えると、どうしても背脂を使いたくなってしまいます。

現在の主流は鶏清湯の醤油ラーメン。こちらも醤油の香りを鶏油と合わせ、食べ手の鼻腔に届けるもの。ここでもやっぱり油なんですよね。背脂は油としての存在感はダントツだし、舌にのせたときのパンチはあるけど、後口は決して重くない。原点の背脂を再評価させ、また見直す流れにもっていきたいですね。

「儲かるラーメンをつくって」と言われたら?

ラーメンイベントに顕著ですが、ボリューミーに肉を盛ったり、カニやエビなどの海鮮づくしで攻めたりするラーメンがありますよね。ビジュアルを良くし、ボリュームをガッツリ盛れば集客ができる、と考えているタイプです。そこには何の思想も一貫性もない。プロデュースの項で触れましたが、何故このラーメンを出すのか?　何故この具材、麺を選んだのか?　必然性がなく、説明できないラーメンを僕は評価しません。商売ですから数字は大事です。しかし、お客さんに愛されたい、地域一番店をめざしたいという姿勢がなければ商売を長く続けていくことはできません。所詮、単発の打ち上げ花火で終わってしまう。「三方よし」で長く続いていく、商売の原理原則を無視した試みでしかないのです。だから、僕はプロデュースでも長期的に関わっていくのが基本姿勢です。「オープンまでが仕事」ではなく、「味を定期的にチェックする」「シーズナルな限定メニューづくりを支援する」といったサポートもしていきたい。依頼する側・プロデュース側といったドライな関係にとどまらず、パートナーとして学び合い、協力し合いながら歩んでいきたいですね。

良質な背脂をふんだんに使用。本店、池袋店の味のキーパーツだ。

定点観測している店はありますか？

　ラーメン業界でベンチマークしているのは、やはり『ラーメン二郎』、そして「家系」ラーメンです。肉がのって味が濃い。僕はヴィーガンラーメン、グルテンフリーなど健康的なラーメンを提案してきましたが、やっぱり二郎と家系の足腰の強さは圧巻です。

　家系は『町田商店』というチェーンがロードサイドに幅広く出店して、知名度を高めています。その一方で、『吉村家』の本流、そして『王道家』などの本格派がスタンダードな家系を連綿と提供しています。新宿を拠点とする『はやし田』グループなどもウォッチし続けていますね。

　また、創業者である草村賢治さんが2018年に亡くなられて以来、折を見ては『永福町大勝軒』の味を出すお店を食べ歩くようになりました。弟子、孫弟子を含めて、長い視点で巡っています。なぜなら、草村さんがラーメン界に残した功績、足跡は無視できないものがあると思うからです。産地に足を運んで直接買いつけた煮干しを、ベストな配合を見極めてスープに使う。醤油も複数の銘柄をブレンドして使う。さらに、たれはストックして長期貯蔵、中期貯蔵、新しいものをミックスして使う——今のラーメン屋では当たり前のノウハウですが、それを先んじて、昭和時代に独自の工夫で行なっていたのが草村さんです。音や顔の動きを察知し、速やかにお冷やを注ぐ。プロフェッショナルな接客サービスも彼が徹底し、受け継がれているもの。お土産ラーメンや独立システムとしての徒弟制度も彼が確立したもの。偉大な創始者の熱、遺伝子を求めて、系列の味を食べ歩いているのです。

業界の鉄則「春木屋理論」をどう考えますか？

　『永福町大勝軒』に並び、荻窪の名店『春木屋』も外せないラーメン店です。10代の僕は『桂花ラーメン』『九州じゃんがららあめん』『春木屋』の順でラーメンを食べて衝撃を受け、食べ歩きをスタートさせました。この店を語る上では忘れてはならないのが「春木屋理論」ですね。この店は昭和24年（1949年）に創業、日本の食糧事情が向上する中、いつも同じ味を出していたら、舌が肥えていくお客さまに「味が落ちた」と思われてしまう。変わらない旨さのラーメンだと思われるためには、常に味を向上し続けなければならない——これが春木屋理論です。現在に至るまで、この店ではメッセージがしっかり受け継がれています。この理論を提唱したのはラーメン評論家の武内伸さんですが、僕の師匠である河原成美も、みんな『春木屋』の味が大好きで、リスペクトし続けてきました。『博多一風堂』の理念「変わらないために変わり続ける」も大きな影響を受けています。そしてもちろん、ソラノイロの根っこにもこの志があります。現代のラーメンシーンを見えないところで支えているのは、「常に味の向上を求め続ける」春木屋理論だったのでしょう。

春木屋の影響を受け、本店の主力メニュー「中華そば」も常に味の向上を忘れない。

追補レシピ

たれ

醤油だれ
（淡麗醤油、"極"醤油つけめん／
東京駅店）

78、80ページ

材料

濃口醤油（国産丸大豆） ── 12リットル
再仕込み醤油 ────── 1.5リットル
たまり醤油 ─────── 1.5リットル
みりん風調味料（味の母）── 5リットル
リンゴ酢 ────────── 500ml
うま味調味料 ──────── 200g

1　濃口醤油、再仕込み醤油、たまり
　醤油、みりん風調味料を鍋に入
　れ、火にかける。

2　80℃をキープして1時間加熱する。

3　火を止め、粗熱をとる。

4　粗熱がとれたらリンゴ酢、うま味
　調味料を加えて完成。冷蔵庫で保
　存して味を落ちつかせる。

醤油だれ
（ヴィーガン醤油／東京駅店）

82ページ

材料

醤油（小麦不使用） ─────── 適量
塩水 ───── 適量（醤油の20％の割合）

1　醤油、塩をといた水を鍋に入れ、
　火にかける。

2　ひと煮立ちしたら火を止め、粗熱
　をとる。

3　冷蔵庫で保存して味を落ちつかせ
　る。

醤油だれ
（淡口豚骨ラーメン、濃厚豚骨ラーメン／
王子店）

94、96ページ

材料

淡口醤油（兵庫県メーカー） ──── 適量
淡口醤油（鳥取県メーカー） ──── 適量
酒 ─────────────── 適量
塩水 ──── 適量（醤油・酒の20％の割合）

1　淡口醤油（兵庫県メーカー）と酒を
　鍋に入れ、火にかける。

2　ひと煮立ちしたら火を止め、粗熱
　をとる。

3　淡口醤油（鳥取県メーカー）を加
　え、塩水でのばしてバランスをと
　る。

4　冷蔵庫で保存して味を落ちつかせ
　る。

香味油

香味油
（ベジソバ、ヴィーガン醤油／東京駅店）

81、82ページ

材料

米油 ──────────────── 適量
レンコンチップ ──────────── 適量

1　レンコンチップを鍋に入れ、レン
　コンと油の高さが1:1になる程度
　まで米油を入れ、強火にかける。

2　焦げつかないように絶えず混ぜつ
　つ、全体が色づくまで10分間ほど
　加熱する。

3　全体が濃い茶色になったら火を止
　め、レンコンチップを引き上げ
　る。

4　でき上がった香味油は網で漉して
　容器に移す。粗熱をとり、冷蔵庫
　で保存する。

ラー油
（旨辛中華そば／池袋店）

91ページ

材料

┌ 菜種油 ─────────── 3200ml
│ ゴマ油 ──────────── 800ml
│ 鷹の爪（ホール） ─────── 40g
│ 八角（ホール） ──────── 20g
A 陳皮 ──────────── 20g
│ 山椒（ホール） ──────── 40g
│ 玉ネギ（みじん切り） ──── 100g
│ ニンニク ──────── 10かけ
└ 長ネギ（青い部分） ─────── 2本
┌ 韓国唐辛子（粉） ─────── 200g
B 一味唐辛子（粉） ─────── 400g
└ 水 ───────────── 100ml

1　鍋にAを入れて火にかける。油の
　温度を150℃まで上げ、30分間
　キープする。

2　Bをボウルに入れ、混ぜて全体を
　なじませておく。

3　1の火を強める。油の温度が210℃
　まで上がったら火を止め、網で漉
　す。

4　2のボウルに3の油を注ぎ入れる。
　煙が出てはねるので火傷に注意す
　る。

5　4を紙で漉して完成。

スープ

生姜醤油スープ
（中華そば、つけ中華、旨辛中華そば／
池袋店）

86、89、91ページ

材料

豚清湯（34ページ） ──── 40リットル
ショウガ ──────────── 4kg
煮干し ───────────── 2kg

156

1 豚清湯(35ページ)のステップ9まで進める。豚バラ肉を引き上げ、スープ40リットルに薄切りのショウガ4kgを加えて、約1時間煮る。

2 1時間後、スープを漉して粗熱をとり、一晩おいて味をなじませる。

3 翌日、2にだし袋に入れた煮干し2kgを加える。強火にかけて温度を85℃まで上げ、そのままの温度をキープして1時間炊く。

4 1時間後、煮干しを引き上げて完成。ねかせず、そのまま提供用スープとして使う。

キノコベジソバのスープ
（キノコのベジソバ／池袋店）

81ページ

材料

マッシュルーム	400g
シメジ	100g
玉ネギ	100g
ジャガイモ	100g
オリーブ油	50ml
豆乳	75ml
豆乳クリーム	75ml
菜種油	100ml
ベジブロス(46ページ)	3リットル
塩だれ(50ページ)	適量
水	適量

1 鍋にオリーブ油を入れ、薄切りの玉ネギが茶色になるまで炒める。

2 マッシュルーム、シメジをミキサーにかけ、なめらかにする。

3 鍋に2を加える。

4 ジャガイモを乱切りし、電子レンジ(600W)で5分間加熱する。

5 鍋に4を加え、ジャガイモをほぐしながら炒める。

6 鍋に水150mlを加え、半量程度になるまで中火で煮詰める。

7 豆乳、豆乳クリーム、菜種油を加え、軽く混ぜた後でミキサーにかけ、なめらかにする。

8 7にベジブロス、塩だれ、水3リットルを合わせて完成。

9 冷蔵庫で保存する。注文ごとに小鍋で温めて提供する。

野菜ピュレ
（ベジソバ／東京駅店）

81ページ

材料

ニンジン	2kg
バター	適量
サトウキビ粗糖(喜界島産)	適量
水	適量

1 鍋に薄切りのニンジン、サトウキビ粗糖、バターを入れる。水を加えて火にかけ、蒸し煮にする。季節によってニンジンの糖度が変わるため、味をみて仕上がりを調整する。サトウキビ粗糖が焦げつかないよう、火力は強くしない。

2 ニンジンが煮えたら火を止める。

3 粗熱をとってミキサーにかけ、冷蔵庫で保存する。当日中に使いきるのが基本。

トッピングその他

メンマ
（中華ソバ／本店）

72ページ

材料

メンマ水煮	3kg
ラーメン用スープ	3リットル
醤油	300ml
みりん	150ml
料理酒	150ml
カツオ節厚削り	100g
ゴマ油	50ml

1 前日からメンマを冷凍庫に入れる。冷凍することで繊維が壊れ、短時間で煮上がり、味がしみ込みやすくなる。

2 翌日、メンマを鍋に入れ、スープなどの液体調味料を加える。10〜20分間煮たら味をみて、調味液から引き上げ、ゴマ油で和える。

3 粗熱をとって冷まし、冷蔵庫で保存する。

大豆ミート味つきそぼろ
（ヴィーガン担々麺／東京駅店）

82ページ

材料

大豆ミート	40g
八丁味噌	100g
水	25ml
料理酒	25ml
ハラール醤油	25ml
みりん	25ml
砂糖	25g
ゴマ油	5ml

1 大豆ミートを水でもどしておく。

2 1を鍋に入れる。八丁味噌、水、料理酒、ハラール醤油、みりん、砂糖、ゴマ油を加え、強火にかける。

3 炒めて水分を飛ばし、焦げやすいので適度に混ぜながら加熱する。全体がなじんだ段階で火から下ろす。

4 冷蔵庫で保存し、提供に必要な分を温めて使用する。

肉そぼろ
（旨辛中華そば／池袋店）

91ページ

材料

豚挽き肉	1kg
赤唐辛子(ホール)	5本
韓国唐辛子	7.5g
おろしニンニク	50g
おろしショウガ	100g
甜麺醤	75g
豆板醤	100g
山椒(粉)	5g
三温糖	7.5g
粗挽き黒コショウ	2g
菜種油	適量

1 鍋に菜種油を入れ、強火で熱する。油が熱くなってきたら赤唐辛子(ホール)を加える。

2 赤唐辛子に火が入り、色が濃くなってきたら豚肉を加え、ほぐしながら強火のまま加熱。おろしニンニクとショウガを加える。

3 水分量が半量程度になったら、その他の材料をすべて加える。肉に味が入ったら火を止める。

4 冷蔵庫で保存し、提供に必要な分を温めて使用する。

塩玉子
(グルテンフリー塩ラーメン／東京駅店)

83ページ

材料

卵	5個
水	900ml
塩	30g
サトウキビ粗糖(喜界島産)	25g
うま味調味料	15g
真昆布	10g

1 沸騰した湯に卵を入れて6分30秒間ゆでる。冷水にとって冷やし、殻をむく。

2 鍋に水を入れ、火にかけて沸かす。

3 火を止めて塩、サトウキビ粗糖、うま味調味料、真昆布を入れ、1のゆで卵を浸ける。

4 3を容器に移し、冷蔵庫で保存する。

5 6時間おいてから使用する。

鶏チャーシュー
(グルテンフリー塩ラーメン／東京駅店、キノコのベジソバ／池袋店)

83、88ページ

材料

鶏ムネ肉	2kg
塩	60g
うま味調味料	10g
水	1リットル

1 鶏ムネ肉は皮をむき、脂や筋をていねいに取り除く。

2 容器に水、塩、うま味調味料を入れ、1を6時間漬ける。

3 スチームコンベクションオーブンを65℃に設定し、容器ごと30分間加熱する。

4 冷蔵庫で保管し、注文ごとに切り分けて使用する。

ベジソバのトッピング各種
(ベジソバ／東京駅店)

81ページ

ニンジン、サツマイモはゆでたものを準備しておく。キャベツは提供前に麺釜でさっとゆでる。

豆乳ソースは、豆腐、豆乳クリーム、塩、水を混ぜ、なめらかになるまでミキサーにかけたもの。

ヴィーガン醤油の
トッピング各種
(ヴィーガン醤油／東京駅店)

82ページ

紅芯大根、カブ、厚揚げは提供前に麺釜でさっとゆでる(黄パプリカなど、その他はゆでない)。

ヴィーガン担々麺の
トッピング各種
(ヴィーガン担々麺／東京駅店)

82ページ

小松菜とモヤシは提供前に麺釜でさっとゆでる。

練りゴマと酢、各適量を混ぜ合わせてペースト状にし、スープになじみやすくしておく。

トッピング用の豚足
(つけそば／本店)

74ページ

材料

豚足	10本
水	1.2リットル
醤油	240ml
みりん	180ml
料理酒	180ml
サトウキビ粗糖(喜界島産)	120g

1 ダブルスープ(26ページ)の調理の際、ステップ11で5〜6時間ほど煮込んだ豚足を引き上げる。

2 骨をきれいに取り除き、調味液で40〜50分間煮る。

3 よく冷まして味をしみ込ませる。

4 一食分ずつ真空パックして冷蔵保存し、注文ごとに温めて提供する。

97〜99ページ

本店
• 特製手作り焼売

材料

豚挽き肉	2kg
レンコン	750g
塩	8g
サトウキビ粗糖(喜界島産)	30g
塩コショウ調味料	3〜5g
黒コショウ	2〜5g
酒	36ml
醤油	100ml
オイスターソース	適量
ゴマ油	適量
片栗粉	150〜200g
シュウマイ皮	適量

1 豚バラ肉をミンサーにかける。

2 レンコンを好みの大きさにカットし、片栗粉をまぶす。

3 1に調味料をすべて加え、よく練り上げる。

4 2のレンコンを3に加え、よく混ぜる。1日以上ねかせる。

5 あんをシュウマイ皮で包み、蒸し器で蒸し上げる。

東京駅店
• 皿ワンタン

材料

豚挽き肉	適量
ショウガ	適量
ネギ	適量
スパイス(黒・白コショウ、ナツメグ、カハダモン、花椒)	各適量
ワンタン皮	適量

1 ボウルに豚挽き肉(可能ならブロック肉をミンサーで挽く)とショウガ、ネギを入れ、スパイスを合わせてよく練る。

2 ワンタン皮の縁を水で濡らし、あん5gを包んで縁を合わせる。

3 冷蔵庫に保存し、提供時には麺釜でゆでて提供する。

池袋店

・餃子

材料

<皮>
小麦粉に対して水を35%
ゴマ油を1%
<あん>

豚挽き肉	7kg
白菜	24kg
ニラ	5kg
塩	材料に対して0.7〜0.9%
うま味調味料	同0.6〜0.8%
サトウキビ粗糖(喜界島産)	同0.2%

1 皮をつくる。ボウルに小麦粉を入れ、中央にくぼみをつくっておく。

2 くぼみに水と油を混ぜたものを半量入れる。小麦粉を周りからかけて混ぜ、なじませる。水の残り半量は2回に分け、同様に加える。

3 よく練って、菊練り(生地を内側に練り込んで団子状にまとめた状態)にする。ビニールで包み、そのまま30分ほどおく。

4 生地を棒状に伸ばし、とぐろ状に巻いて整え、皮の大きさに検討をつけてカットする。

5 麺棒で皮のサイズに伸ばす。

6 あんをつくる。白菜を好みの大きさにきざむ。キャベツでもおいしい。塩をふってしばらくおいた後、よく絞って水切りする。

7 豚挽き肉(可能ならブロックのバラ肉をミンサーで挽く。よりおいしくできる)をボウルに入れ、塩以外の調味料を加えてよく練る。6の白菜と塩を加える。

8 ニラを好みの大きさにきざみ、7に混ぜる。

9 5の皮にあんをのせ、餃子を包む。

・チャーシューエッグ

材料

煮豚(56ページ)	100g
卵	2個
醤油	100ml
酢	80〜100ml
三温糖	80〜100g
水	100ml
キャベツ	適量
練り辛子	適量
マヨネーズ	適量

1 たれをつくる。鍋に醤油、酢、三温糖、水を入れ、中火でとろみが出る程度まで煮詰める。

2 煮豚は1枚50g程度にスライスする。

3 フライパンに油(分量外)を入れ、卵を入れて目玉焼きをつくる。

4 キャベツはせん切りにする。

5 皿にキャベツを盛り、チャーシュー、目玉焼きをのせ、タレを回しかける。練り辛子、マヨネーズを添える。

王子店

・煮干し和え玉

材料

煮干し油	20ml
菜種油	1リットル
煮干し	200g
醤油だれ(王子店の醤油だれ)	15ml
低温調理チャーシュー(細切り)	適量
青ネギ(きざむ)	適量
麺	100g

1 煮干し油をつくる。鍋に菜種油を入れ、180℃まで温度を上げる。煮干しを入れ、色が茶色くなったら火を止める。そのままミキサーにかけ、煮干しを粉砕する。

2 麺をゆで、煮干し油と醤油だれで和え、皿に盛る。

3 カットしたチャーシュー、ネギをのせる。

・辛い和え玉

材料

醤油だれ(王子店の醤油だれ)	15ml
ラー油(池袋店のラー油)	適量
肉そぼろ(池袋店の肉そぼろ)	適量
青ネギ(きざむ)	適量
麺	100g

1 麺をゆで、ラー油、醤油だれで和えて皿に盛る。

2 上に肉そぼろ、カットしたネギをのせる。

・かしわ飯

材料

米	1合
醤油だれ(王子店の醤油だれ)	40ml
鶏モモ肉	40g
ニンジン	20g
ゴボウ	20g
ラード	10ml
青ネギ(きざむ)	適量

1 米をとぎ、規定量の水、醤油だれを加えて、小さくカットした鶏モモ肉、ニンジン、ゴボウをのせて、炊飯器で炊く。

2 炊き上がったらラードを加え、混ぜ合わせる。

3 器に盛り、ネギをのせる。

ソラノイロ
https://soranoiro-vege.com/

本書へのご意見・ご感想、質問などは
お気軽に以下までお寄せください。
質問には可能な範囲でお答えします。

info@soranoiro-vege.som

ソラノイロ
宮﨑千尋のラーメン理論

初版印刷　　2021年7月15日
初版発行　　2021年7月30日

著者ⓒ　　宮﨑千尋
発行者　　丸山兼一
発行所　　株式会社柴田書店
　　　　　〒113-8477
　　　　　東京都文京区湯島3-26-9　イヤサカビル
　　　　　営業部　　　　03-5816-8282（注文・問合せ）
　　　　　書籍編集部　03-5816-8260
　　　　　https://www.shibatashoten.co.jp
印刷・製本　公和印刷株式会社

ISBN　978-4-388-06340-6
Printed in Japan
ⓒShibatashoten 2021